Mona Dechant, Karl-Walter Kohrs, Joachim Weyers

Bergedorfer® Grundschulpraxis

Sachunterricht

3./4. Klasse

Technik und Arbeitswelt

Persen Verlag GmbH

Gedruckt auf umweltbewusst gefertigtem, chlorfrei gebleichtem
und alterungsbeständigem Papier.

1. Auflage 2007
Nach den seit 2006 amtlich gültigen Regelungen der Rechtschreibung

Illustrationen: Elisabeth Lottermoser
Satz: MouseDesign Medien AG, Zeven
ISBN 978-3-8344-**3946**-8

www.persen.de

Inhaltsverzeichnis

Inhaltsverzeichnis

Vorwort

Mit diesem Band Technik und Arbeitswelt 3./4. Klasse legen wir das 4. Werk der Reihe Sachunterricht vor. Dieses umfassende, abwechslungsreiche und handlungsorientierte Materialangebot mit praxiserprobten Anregungen soll einen auf die neuen didaktischen Erkenntnisse abgestimmten Sachunterricht ermöglichen, schulbuchunabhängig oder -begleitend.
Wie in den vorhergehenden Bänden wird der Versuch unternommen, einen kompakten Themenbereich didaktisch sinnvoll reduziert aufzuarbeiten und für den Unterricht handhabbar zu machen.
Die hier vorgestellten Materialien bieten ein breites Spektrum an Möglichkeiten. Die Auswahl der Arbeitsangebote durch die Lehrperson sollte sich nach dem Vorwissen, den Erfahrungen, den Interessen der Kinder und vor allem nach den örtlichen Gegebenheiten richten. Die Angebote sind auf keinen Fall so zu verstehen, dass alle Blätter „abgearbeitet" werden, sondern nach Bedarf für jede Lerngruppe das Passende ausgewählt wird. Aufgabenschwerpunkte werden in diesem, wie auch in den anderen Bänden der Reihe Sachunterricht getrennt aufgeführt, um eine inhaltliche Unabhängigkeit zu gewährleisten. Sie sollten aber so weit wie möglich mit anderen Unterrichtsgegenständen/Themen verknüpft werden.
Kindern ist Technik nicht fremd, sie begegnet ihnen im Spiel, im Haushalt, in den Medien, beim Basteln, im Verkehr und in vielen anderen Bereichen. Auch mit den Folgeerscheinungen werden sie konfrontiert, z. B. mit der Umweltverschmutzung und der wachsenden Arbeitslosigkeit. Oft herrscht schon im Kindesalter eine negative Einstellung zur Technik, da diese in ihrem Aufbau und in ihrer Funktionsweise zu komplex und zu undurchschaubar erscheint. Technik ist heute selten noch für Kinder „begreifbar". Ähnliches gilt auch für die Arbeitswelt. Das Berufsspektrum wird immer breiter, Produktions- und Handelsprozesse immer komplizierter.
Hier soll das dargebotene Unterrichtsmaterial dieses Bandes Erfahrungsdefizite kompensieren helfen und lebenspraktisches Können und Wissen fördern. Ziel soll es sein, in durch Technik und Arbeitswelt geprägten, für die Kinder bedeutsamen Lebenssituationen besser zurechtzukommen und dabei komplexe Prozesse besser verstehen zu können.
Dementsprechend wird im Kapitel 1 von lebensnahen Bereichen ausgegangen, z. B. in den Themenkomplexen „Baustelle", „Bäckerei" und „Feuerwehr". Dort werden unterschiedliche Arbeitsstätten exemplarisch vorgestellt. Die Kinder lernen den Prozess der Herstellung, des Handels, des Verkaufs und der Dienstleistung kennen. Dabei werden einzelne Aspekte der Arbeit, wie z. B. Arbeitszeiten und -verteilung sowie Formen der Absicherung bzw. Versicherung, besonders hervorgehoben.
Das Kapitel 2 geht auf die Themen „Arbeit und Produktion" ein. Schwerpunkte sind hier u. a. der Produktionsprozess, historische Aspekte, Automatisierung, Arbeitslosigkeit sowie Arbeitgeber und -nehmer.
Im Kapitel 3 sollen einfache Geräte und Maschinen handlungs- und kindorientiert bearbeitet und durch Bauen und Experimentieren deren Funktionsweise praktisch nachvollzogen werden.

Vorwort

Beim Komplex „Kräfte und Bewegung“ (Kapitel 4) handelt es sich lediglich um eine einführende Beschäftigung mit einzelnen Aspekten, wobei dem Autorenteam die Körperkraft sowie andere Kräfte und ihre Auswirkungen auf die Bewegung besonders relevant erschienen.
Kapitel 5 thematisiert die gängigen Energiequellen und Energieeinsparungsmöglichkeiten.
„Bedeutsame Erfindungen“ (Kapitel 6) bilden den Abschluss dieses Bandes. Es erscheint unmöglich, auf alle für Mensch, Tier und Umwelt wichtigen Entdeckungen einzugehen. Deshalb sollen sich die Schülerinnen und Schüler, angeregt und ermutigt durch die Arbeitsblätter, projektorientiert mit der Thematik beschäftigen.
Insgesamt ist angestrebt, dass die Kinder nicht nur eine breite Wissensbasis, sondern auch wichtige technische und methodische Kompetenzen erwerben, wie z. B. die Informationsbeschaffung, das Beschreiben, Untersuchen, Experimentieren, Auswerten und Präsentieren. Dazu bietet auch dieser Band eine Fülle an Ideen und Anregungen.

Viel Spaß und Erfolg beim Einsatz dieser Arbeitshilfen wünschen Ihnen

Mona Dechant

Karl-Walter Kohrs

Joachim Weyers

1 Berufe und Arbeitsstätten

Überlegungen und Anregungen zur Didaktik und Methode:

Tragfähige Grundlagen			
Kenntnisse	**Fertigkeiten / Fähigkeiten**	**Einstellungen / Haltungen**	**Bemerkungen**
Warum arbeiten Menschen? S. 11 **Was eine Familie alles bezahlen muss S. 12** **Absicherungen/Versicherungen S. 13** **Verschiedene Arbeitsstätten S. 14** **Dort würde ich gerne arbeiten S. 15**			
Die Kinder • reflektieren und formulieren, warum Menschen arbeiten, • machen sich bewusst und äußern, dass in unterschiedlichen Lebensabschnitten gearbeitet wird (Kindheit, Erwachsenenleben, Alter), • wissen, dass unterschiedliche Wünsche für die Berufsauswahl oder -ausübung vorhanden sind, • reflektieren, welche Ausgaben eine Familie hat, • erkennen und äußern Zusammenhänge zwischen Einkommen und Wunscherfüllung, • notieren, wofür sie Geld ausgeben, • erkunden, welche Versicherungen zu bezahlen sind und welche Risiken dadurch abgedeckt werden, • wissen, dass es verschiedene Arbeitsbereiche gibt (u. a. Herstellung, Transport/Handel, Dienstleistungen), • überlegen und benennen, welche Arbeiten bei verschiedenen Arbeitsstätten erledigt werden müssen, • gewinnen einen intensiveren Einblick in die sie umgebende Arbeitswelt als Teil ihrer Lebenswirklichkeit, • sprechen über Vorerfahrungen und Wünsche, • reflektieren eigene Fähigkeiten, Schwächen, Interessen.	• bauen eine Fragehaltung auf (Motive für Arbeit, Erwartungen an einen Beruf ...), • äußern und begründen ihre Meinung, • suchen geeignetes Informationsmaterial (z. B. Berichte aus der Tagespresse, Bücher, Bilder, Prospekte beschaffen, Fotos anfertigen), • informieren sich über verschiedene Versicherungen (Befragung, Bücher ...).	• entwickeln Offenheit und Wissbegier gegenüber Arbeit und Arbeitsstätten, • erkennen unterschiedliche Bedürfnisse und Meinungen anderer an, • entwickeln Wertschätzung für die Arbeit/Leistung anderer.	Von den Erfahrungen der Kinder ausgehen (z. B. Berichten von eigenen Pflichten, Überwinden von Arbeitsunlust, Anerkennung ihrer Arbeit). Daran anknüpfend eruieren, welche Fragen, Problemstellungen die Kinder haben. Danach Vorgehensweise gemeinsam mit den Kindern planen (dabei können die Arbeitsblätter eine gute Strukturhilfe sein, müssen aber nicht „lehrgangsmäßig abgearbeitet“ werden). Besonders wichtig ist der Meinungsaustausch (Partnerarbeit oder auch Gruppenarbeit). Wenn es sich anbietet, können die Arbeitsplätze der Eltern untersucht werden. Da dadurch aber einige bis viele Kinder ausgeschlossen oder gar diskriminiert würden, wurde hier die Erkundung von Berufen/Berufsfeldern allgemeiner, neutraler angegangen. Der Einsatz von Medien aus dem Umfeld der Schule ist angebracht. Die Kinder sollten in die Materialbeschaffung einbezogen werden. Aufsuchen eines außerschulischen Lernortes ist absolut erforderlich. Geeigneten Betrieb aussuchen, Kontakt aufnehmen, vorbereitende Fragen/Interessen abklären, Auswertung mit Schülerinnen und Schülern, Dokumentationsform überlegen (z. B. Erkundungsbuch). Vielfältige Bezüge zu den Bereichen „Raum und Umwelt“ und „Zeit und Kultur“ sind möglich/erwünscht. Das unreflektierte „Abhandeln“, z. B. „Das will ich einmal werden“, sollte vermieden werden und eine intensive, handlungsorientierte Auseinandersetzung mit Berufen und Arbeitsstätten sollte stattfinden.

Tragfähige Grundlagen

Kenntnisse	Fertigkeiten / Fähigkeiten	Einstellungen / Haltungen	Bemerkungen
Auf der Baustelle – Wer macht was? **Berufe auf der Baustelle** **Ein Haus wird gebaut (Rohbau 1)** **Ein Haus wird gebaut (Rohbau 2)** **Ein Haus wird gebaut (Innenausbau)**			**S. 16** **S. 17** **S. 18** **S. 19** **S. 20**
Die Kinder ● erkennen und benennen, dass auf einer Baustelle unterschiedliche Tätigkeiten anfallen und Menschen mit unterschiedlichen Berufen sie ausführen, ● lernen verschiedene Berufsbezeichnungen kennen und ordnen diesen die passenden Tätigkeiten zu, ● erkennen, ordnen und benennen aufeinanderfolgende Arbeiten auf einer Baustelle, ● erkennen und versprachlichen, dass für den Innenausbau andere Fähigkeiten und Kenntnisse erforderlich sind als für den Rohbau, ● vertiefen selbstständig ihr Wissen über einen ausgewählten Beruf.	● beschaffen sich Informationen, organisieren dabei selbst die Vorgehensweise, ● dokumentieren und präsentieren Ergebnisse (z. B. Tabelle, Plakat), ● üben genaues Ausschneiden und Zuordnen, ● bauen eine Fragehaltung auf und wenden Verfahren der Problemlösung an.	● entwickeln Wissbegier gegenüber den sie umgebenden Arbeitssituationen, ● erfahren, dass eine Vielzahl verschiedener Tätigkeiten und Berufe erforderlich sind, um ein Haus fertigzustellen und achten Teamfähigkeit und Zusammenarbeit als gewinnbringend, ● zeigen Wertschätzung und Anerkennung gegenüber jeder Arbeit und Leistung, ● können ihre eigenen Fähigkeiten und Schwächen einschätzen und entwickeln Achtung und Toleranz vor denjenigen anderer.	Einsatz von Medien (Filme, Fotos, Prospekte ...) ist zu Bereichen erforderlich, die den Kindern sonst verschlossen bleiben. Bezüge können hergestellt werden zum Bereich „Zeit und Kultur“: Wie wurde früher gebaut? Welches Material wurde verwendet? Gemeinsamkeiten/Unterschiede ...

Tragfähige Grundlagen

Kenntnisse	Fertigkeiten / Fähigkeiten	Einstellungen / Haltungen	Bemerkungen
Die Kinder • kennen den Ausbildungsgang eines Handwerkers: Lehrling, Geselle, Meister, • lernen Arbeitsabläufe und -zusammenhänge in einem Produktionsbetrieb kennen und beschreiben sie, • erweitern ihren Wortschatz (z. B. Organisation, Arbeitsverteilung, Automatisierung), • kennen die Unterschiede zwischen einem Handwerksbetrieb und der industriellen Produktion und benennen sie, • erkennen, dass in einem Kaufhaus viele unterschiedliche Tätigkeiten ausgeführt werden, • kennen und benennen die unterschiedlichen Anforderungen und Bedingungen in einem kleinen Geschäft und einem Supermarkt, • machen sich bewusst, dass es in ihrer Umgebung Arbeitsstätten/ -plätze gibt und sprechen darüber, tauschen sich aus, • lernen verschiedene Berufsbezeichnungen kennen und ordnen diesen die passenden Tätigkeiten zu.	• bauen eine Fragehaltung auf und wenden Verfahren der Problemlösung an, • erhalten und beschaffen sich Informationen, organisieren dabei selbst die Vorgehensweise, • werten Informationen aus, • vergleichen Arbeitsbedingungen und -abläufe in einem Kleinbetrieb und einer Großbäckerei, • erkunden eine Arbeits-/ Produktionsstätte, • können sich in verschiedene Rollen/Personen hineinversetzen, • können eigene Gefühle und Bedürfnisse und die anderer erkennen und mitteilen, • können sich mit anderen Meinungen auseinandersetzen, sie akzeptieren und/oder tolerieren, • erkennen und benennen Vor- und Nachteile eines Supermarktes/Kaufhauses und eines kleinen Ladens und wägen sie ab, • vertreten ihre Meinung argumentativ, • dokumentieren und präsentieren Ergebnisse (z. B. Tabelle, Plakat), • üben genaues Ausschneiden und Zuordnen.	• entwickeln Offenheit und Interesse gegenüber Arbeitssituationen in ihrem Umfeld, • können nachempfinden, welche positiven und negativen Aspekte ein Beruf hat, • entwickeln Verständnis für Belastungen arbeitender Familienmitglieder, • zeigen Wertschätzung und Anerkennung gegenüber jeder Arbeit und Leistung, • beachten beim Kauf von Produkten auch die Verpackung, • entwickeln eine Bereitschaft der Akzeptanz und Toleranz gegenüber anderen Meinungen.	Kinder entwickeln zumeist sehr undifferenzierte oder punktuelle Vorstellungen über die Herstellung von Produkten. Dies sollte aufgegriffen, geklärt und durch neue Informationen vertieft werden, dabei an die Lebenswirklichkeit und Vorerfahrungen anknüpfen. Durch Arbeitsteilung, Spezialisierung und Technisierung wurden Produktionsabläufe für Außenstehende schwer durchschaubar. Filme, Bilder, Berichte ... gewähren hier etwas Einblick. Der Besuch einer Arbeits-/Produktionsstätte (z. B. Bäckerei) erhellt die Abläufe etwas. Die Kinder sollten zwar die Informationsbeschaffung selbstständig organisieren, die Begleitung durch Erwachsene ist jedoch sehr zu empfehlen; eventuell kann der Betrieb in Begleitung des Vaters oder der Mutter des Kindes aufgesucht werden. Das Erfahrungsdefizit der Kinder – etwa im Bereich der Arbeits- und Produktionsstätten – kann nicht durch *einen* Besuch oder *eine* Besichtigung ausgeglichen werden. Bei Betriebsbesichtigungen Aufzeichnungen machen, nachher Abläufe dokumentieren (z. B. Leporello erstellen über Materialbeschaffung und -bereitstellung, Abläufe, Produktion, Vertrieb, Verteilung, Verkauf). Bezüge können hergestellt werden zum Bereich „Zeit und Kultur“: Wie wurde früher gebacken, Ware verkauft ...? Gemeinsamkeiten/Unterschiede ...

Tragfähige Grundlagen

Kenntnisse	Fertigkeiten/ Fähigkeiten	Einstellungen/ Haltungen	Bemerkungen
Die Kinder • erfahren, dass es viele Arbeitsplätze mit erheblichen Gesundheitsgefährdungen gibt, • überlegen und benennen, wie man sich vor Gefahren am Arbeitsplatz schützen kann, • benennen im Spiel Berufe, • überlegen sich weitere Spielmöglichkeiten zum Themenbereich „Berufe“, • wissen und versprachlichen, dass vielfältige Dienstleistungen ausgeführt werden müssen, damit eine Gemeinschaft gut funktionieren kann, • wissen und benennen, dass die Feuerwehr in vielen unterschiedlichen Notsituationen zum Einsatz kommt, • können einige Tätigkeiten der Feuerwehrleute benennen: Retten, Löschen, Bergen, Schützen, • kennen und benennen die wichtigsten Ausrüstungsgegenstände von Feuerwehrleuten.	• erkennen Zusammenhänge zwischen Gefahren und Schutzmaßnahmen, • beschaffen sich Informationen über verschiedene Dienstleister in ihrer Umgebung, • legen eine Stichwortliste an, • dokumentieren Ergebnisse in unterschiedlicher Weise, • teilen anderen Informationen und Arbeitsergebnisse mit, • planen und organisieren einen Spielablauf, • ordnen den Ablauf nach Eingang eines Notrufs bei der Feuerwehr, • sammeln Berichte von verschiedenen Feuerwehreinsätzen.	• entwickeln Achtung vor Arbeitsleistungen, • anerkennen, dass in unserer Gesellschaft viel für das Wohl und die Lebensqualität der Bürger gemacht wird, • erkennen und respektieren, dass Notrufe nicht unnötig getätigt werden dürfen.	Ausgangssituation: von eigenen Erfahrungen/Beobachtungen berichten. Besuch bei einem Dienstleistungsunternehmen (Feuerwehr, Bahn, Polizei, Wasserwerk) ist zu empfehlen. Dazu vorbereitend Fragen formulieren, notieren. Nachbereitend dokumentieren: das hat mich am meisten beeindruckt, ganz neu für mich war, den Beruf der/des ... finde ich besonders ... (interessant, schwierig ..., weil ...). Eventuell Experten in den Unterricht einladen.

Name	Datum			

Warum arbeiten Menschen?

Arbeit beeinflusst unser ganzes Leben.

❖ Schreibe mehrere Gründe auf, warum Menschen arbeiten!

Macht Arbeit Spaß?

❖ Schreibe deine Meinung dazu auf!

Welche Vorstellungen hast du von deiner späteren Berufstätigkeit?

❖ Kreuze an, was für dich wichtig ist und ergänze die leeren Zeilen!

○ Die Arbeit soll mir Freude machen.

○ Ich möchte viel Freizeit haben.

○ Ich möchte viel Geld verdienen.

○ Ich möchte etwas reparieren.

○ Ich möchte selbst entscheiden können, wie ich etwas mache.

○ ____________________

○ ____________________

Name	Datum			

Was eine Familie alles bezahlen muss

❖ Zeichne oder schreibe auf, wofür eine Familie Geld ausgibt!

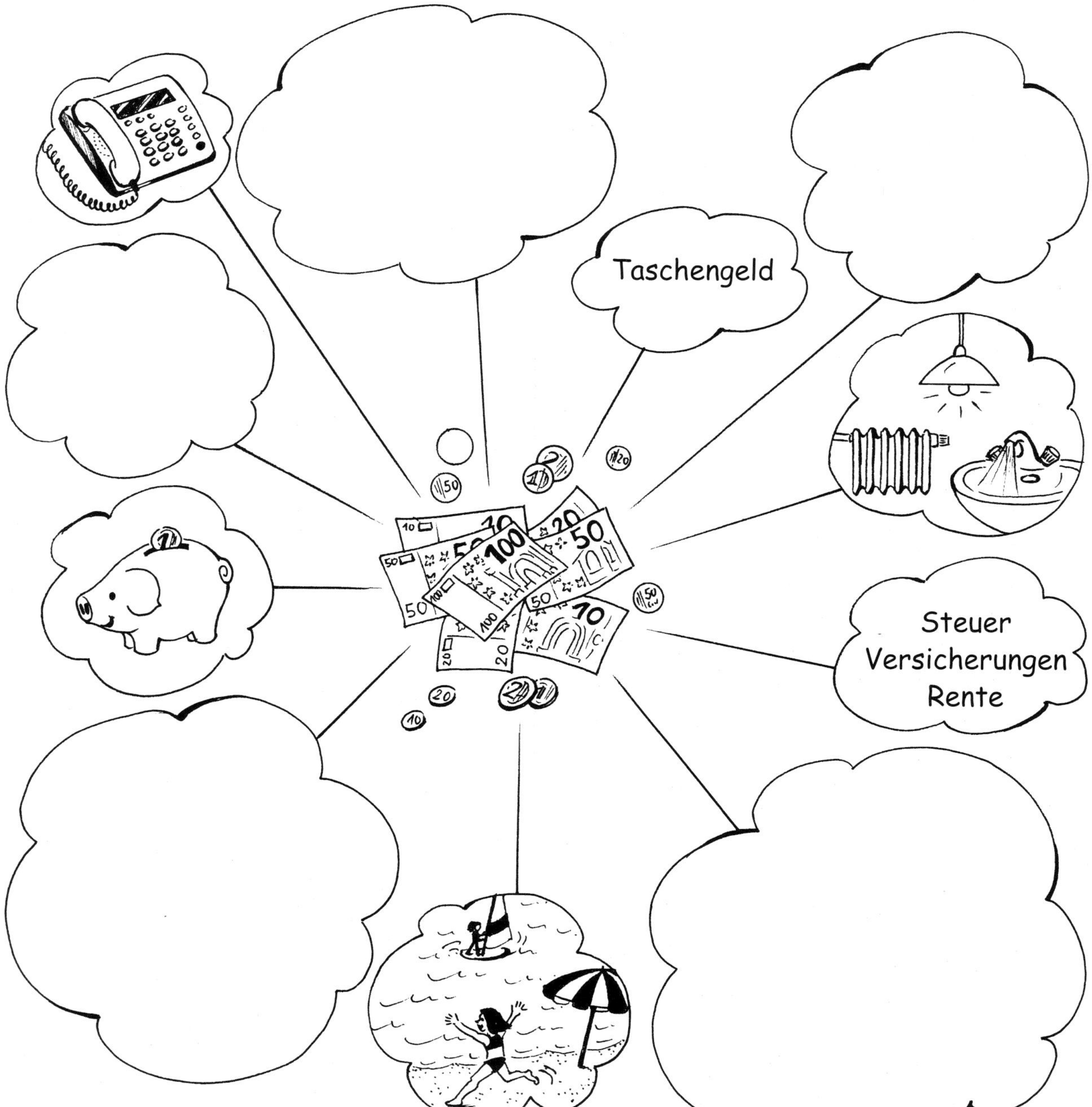

❖ Vergleicht eure Ergebnisse und diskutiert darüber!
Welche Ausgaben sind unbedingt notwendig?

❖ Wofür gibst du Geld aus?

____

____

Name	Datum			

Absicherungen / Versicherungen

Früher war der Vater meistens der einzige Verdiener in der Familie. Wenn er krank wurde, verunglückte oder starb, litt die Familie große Not.

❖ Schreibe auf, was du aus Geschichten und Märchen dazu weißt oder vermutest!

Heute gibt es Versicherungen, in die man regelmäßig Beiträge einzahlt, damit man im Notfall abgesichert ist.

❖ Informiere dich über diese Versicherungen und trage ein, was du dazu in Erfahrung gebracht hast!

	Krankenversicherung:
	Arbeitslosenversicherung:
	Rentenversicherung:

Name	Datum			

Verschiedene Arbeitsstätten

Herstellung / Produktion:

Transport / Handel:

Dienstleistungen:

❖ Schneide die Satzstreifen aus, ordne sie den Überschriften zu und klebe sie auf!
❖ Trage in die Leerzeilen ein, wo die folgenden Tätigkeiten ausgeführt werden!

anfertigen – bauen – befördern – herstellen – pflegen – reinigen – reparieren – transportieren – verkaufen

❖ Überlege, welche Arbeitsstätten in deiner Umgebung sind. Trage jeweils eine passende Arbeitsstätte in die letzten Felder ein und schreibe auf, wer dort arbeitet!

✂---

Dienste für andere werden geleistet.

Hier werden Waren hergestellt.

Waren werden transportiert oder verkauft.

Name	Datum			

Dort würde ich gerne arbeiten

	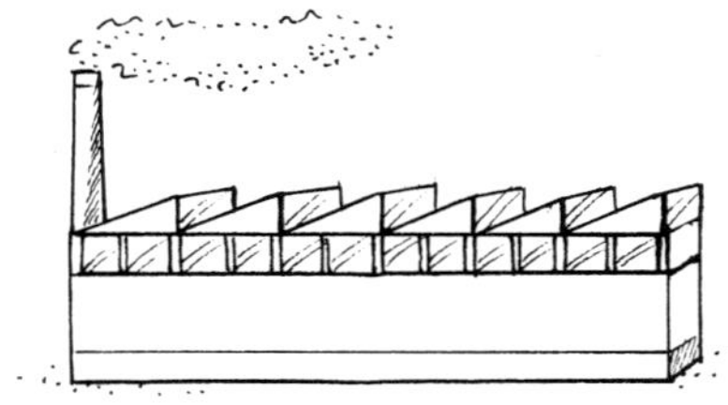	

- ❖ Was wird bei den verschiedenen Arbeitsstätten gemacht? Trage ein!
- ❖ Finde weitere Beispiele!

- ❖ Wo würdest du am liebsten arbeiten? Begründe deine Meinung!

Name	Datum			

Auf der Baustelle – Wer macht was?

- Schneide das untere Feld an der dicken gestrichelten Linie aus und klebe es auf Pappe!
- Schneide nun die Bildkarten aus und lege sie auf die Bilder von den Berufen! Die Ziffer der richtigen Lösung sagt dir, welche Bildkarte auf dieses Feld gehört.

⑥ Kranführer 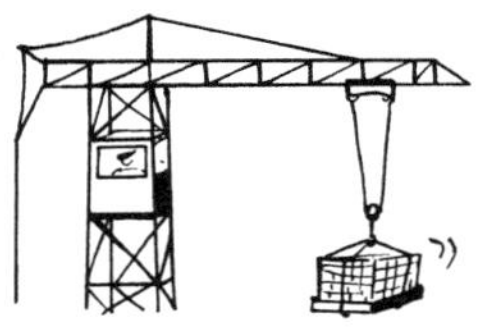 ⑪ Teppichbodenleger	③ Tankwagenfahrer  ⑧ Betonwerker	② Zimmermann  ⑤ Maurer	② Gerüstbauer  ⑦ Maurer
① Architekt  ⑩ Fliesenleger	⑨ Maurer  ⑪ Anstreicher	④ Kranführer  ⑤ Baggerführer	⑫ Installateur  ⑩ Anstreicher
⑥ Glaser  ③ Schreiner	⑦ Anstreicher 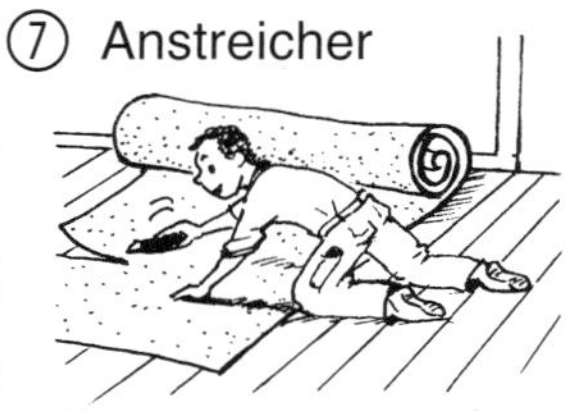 ④ Teppichbodenleger	⑧ Architekt 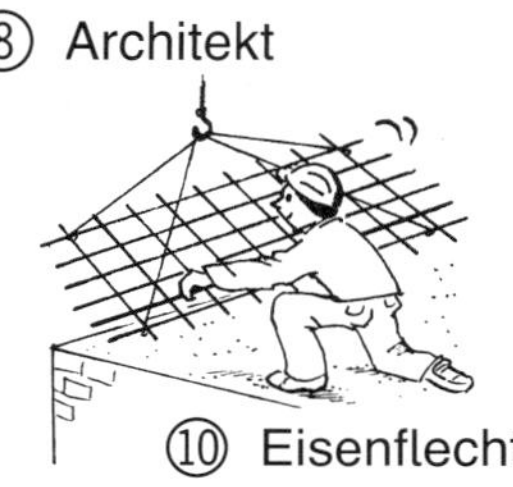 ⑩ Eisenflechter	① Installateur  ⑨ Fliesenleger

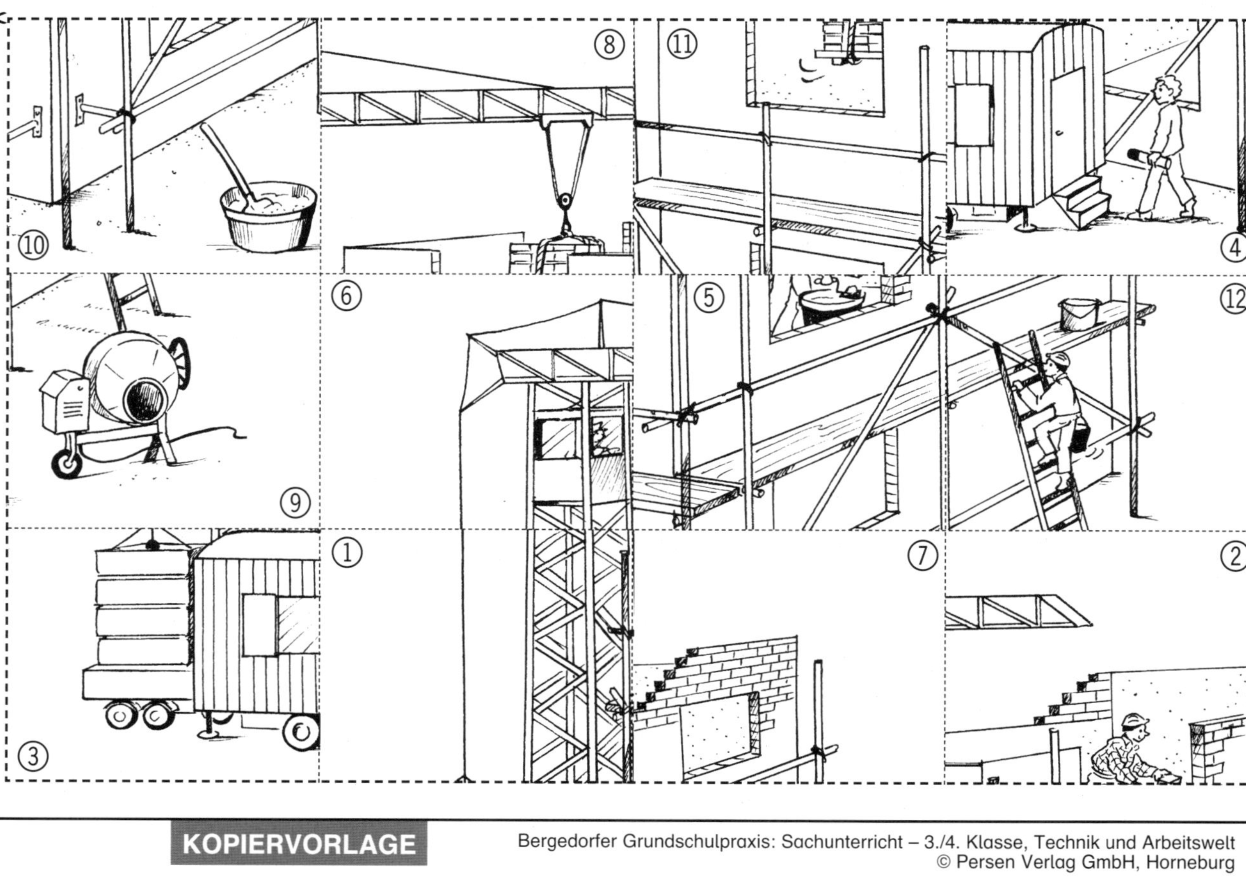

Name	Datum			

Berufe auf der Baustelle

① Der Kranführer		② Die Lastwagenfahrerin	
③ Der Eisenflechter		④ Der Betonwerker	
⑤ Der Maurer		⑥ Der Zimmermann	
⑦ Der Polier		⑧ Die Architektin	

- ❖ Betrachte die Abbildung oben! In der Tabelle findest du die Berufsbezeichnungen der Beschäftigten. Trage die Nummern an der richtigen Stelle im Bild ein!
- ❖ Zeichne und beschreibe weitere Berufe auf der Baustelle! (Du kannst dazu die Rückseite des Blattes benutzen.)
- ❖ Schneide die Textkarten aus, ordne sie den richtigen Feldern in der Tabelle zu und klebe sie auf!

✂

hat genau festgelegt, was, wo und wie gebaut werden soll.	pumpt den Fertigbeton an die richtige Stelle.	verstärkt die Betonschichten mit Eisenstäben.	baut mit Steinen, Mörtel oder Beton die Mauern.
überprüft, ob alles so ausgeführt wird, wie es auf dem Bauplan steht.	bringt die Baustoffe von weither zur Baustelle.	nimmt Lasten auf und setzt sie an die Stelle, wo sie gebraucht werden.	errichtet den Dachstuhl.

Name	Datum			

Ein Haus wird gebaut (Rohbau 1)

- Schneide die Bild- und Textkarten aus!
- Lege die Bildkarten in die richtige Reihenfolge! Lösungswort: ____________________
- Ordne dann die passenden Sätze zu! Lösungswort: ____________________
- Kontrolliere deine Lösung und klebe die Bild- und Textkarten auf Blatt 2, wenn alles richtig ist!

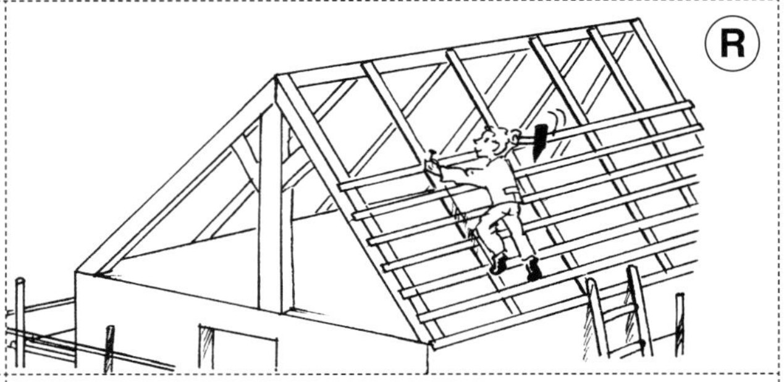

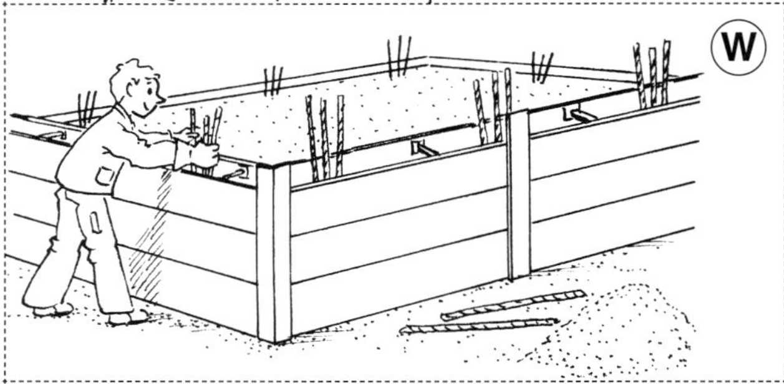

Der **Dachstuhl** wird aus starken Balken aufgestellt.	N	**Verschalungen** für Wände und Decken werden angebracht.	H
Zuerst muss die **Baugrube** ausgebaggert werden.	M	Das **Fundament** wird aus Beton gegossen.	C
Der **Beton** wird angemischt oder mit großen Lastwagen angeliefert.	S	Die Eisenflechter binden die **Eisenstangen und -matten.**	A
Einige **Mauern** werden aus Beton, andere mit Steinen errichtet.	I	Das **Dach** wird isoliert und mit Ziegeln gedeckt.	E

Name	Datum			

Ein Haus wird gebaut (Rohbau 2)

- ❖ Schreibe auf die Rückseite, was die beiden Lösungswörter mit der Baustelle zu tun haben!
- ❖ Sicher wird in deiner Nähe ein Haus gebaut. Gehe jede Woche einmal zur Baustelle! Schreibe Veränderungen und deine Beobachtungen auf (Tabelle oder Plakat)! Fotografiere oder zeichne die einzelnen Bauabschnitte!

Name	Datum			

Ein Haus wird gebaut (Innenausbau)

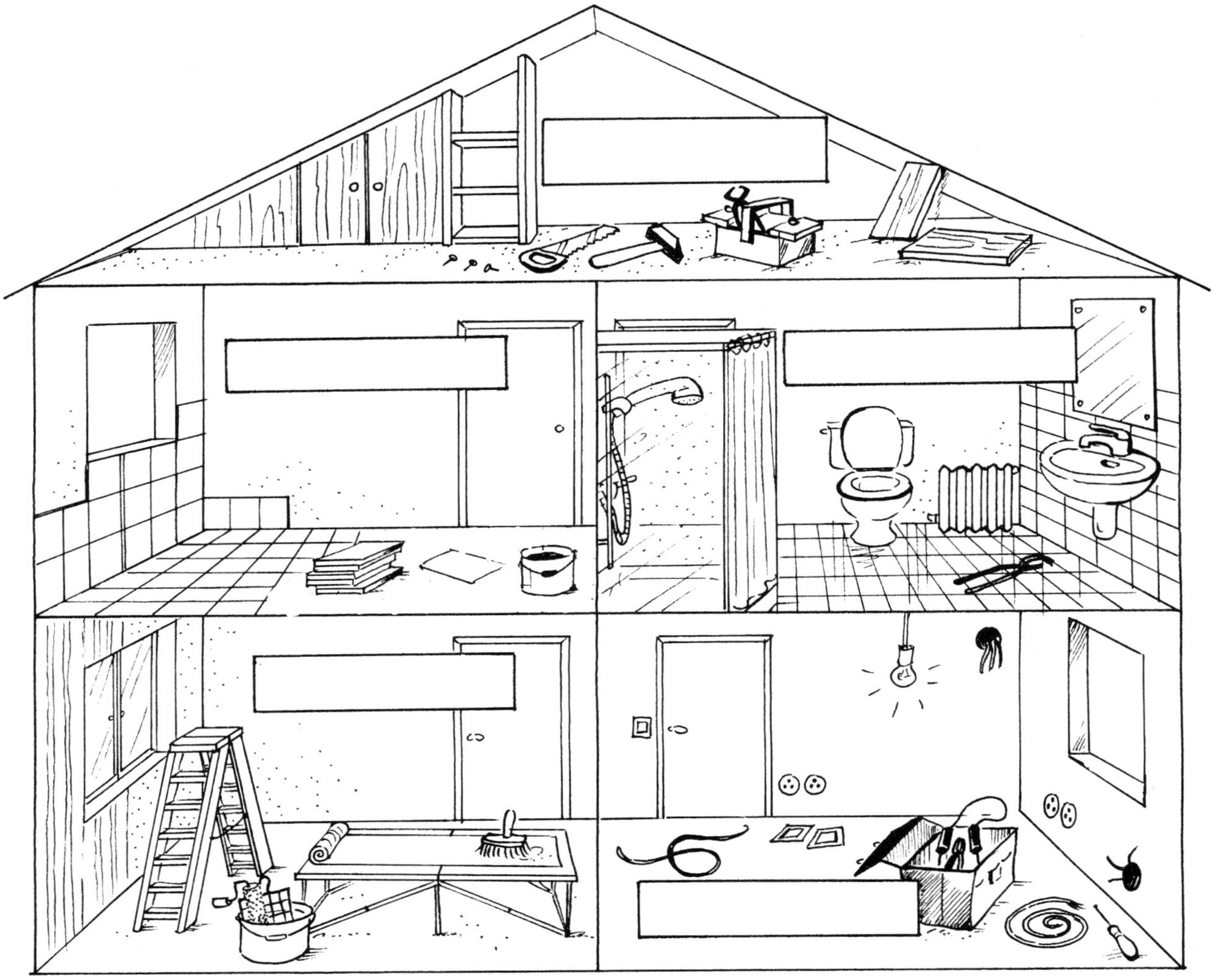

Beim Innenausbau eines Hauses werden Menschen mit vielen verschiedenen Berufen benötigt.

- Überlege, welche Berufe hier dargestellt sind und schreibe sie in die entsprechenden Zimmer! Die Silben helfen sir dabei.

E – ger – Flie – Ins – ker – la – le – lek – ler – Ma – ner – Schrei – sen – tal – teur – tri

- Informiere dich genauer über einen Beruf! Suche Bilder, schreibe alles über ihn auf und stelle deine Ergebnisse vor (z. B. mithilfe eines Lernplakats)!

Name	Datum			

Ein duftendes Handwerk – Bäcker

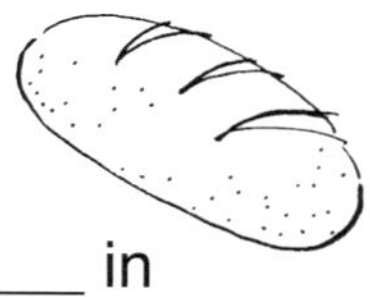

Schon als ____________________ war Herr Weber ____________________ in der Bäckerei seines Vaters und hat alles gelernt, was ein Bäcker können muss. Nach bestandener Gesellenprüfung arbeitete er mehrere Jahre als ____________ und besuchte danach einen Meisterkursus. Als er weiterlernte und die ________________ ____________ bestanden hatte, ____________ er die Bäckerei von seinem Vater. Seitdem ist er sein eigener ______. Noch nie hat er __________, Bäcker geworden zu sein. Er liebt immer noch den ________ von frischem Brot, probiert gerne ein

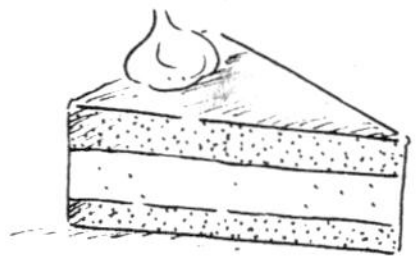

Plätzchen oder ein Stückchen Kuchen und freut sich, dass er sich seine Arbeit selbst ______________ kann.

Trotzdem gibt es auch manchmal ______________, z. B. einen tüchtigen Mitarbeiter zu finden. Bei Erkrankungen oder __________ muss die Arbeit von den anderen mitgeleistet werden. Die Einteilung der Arbeiten muss geplant und nötige Zutaten müssen ____________ werden. Ist die ________ der hergestellten Waren heute richtig? Es sollen nicht zu viele und zu wenige __________________________ gemacht werden. Welche ________________________ gibt es bei den Bäckern in der Umgebung? Müssen die ___________ geändert werden?

❖ Trage die fehlenden Wörter in den Text ein!

Auszubildender – Backwaren – bereut – Chef – Duft – eingekauft – einteilen – Geselle – Jugendlicher – Meisterprüfung – Menge – Preise – Probleme – Sonderangebote – übernahm – Urlaub

❖ Wie wird man Bäckermeister? Nummeriere in der richtigen Reihenfolge!

	Meisterprüfung		Gesellenprüfung		Meisterkurs		Geselle
	Auszubildender		Meister				

❖ Erstelle auf der Rückseite des Blattes eine Tabelle!

Was macht Freude?	Was bereitet manchmal Probleme?

Name	Datum			

Verschiedene Bäckereien

beim Bäcker	in der Großbäckerei

- ❖ Schneide die Textfelder aus, ordne sie den passenden Bildern zu und klebe sie auf!
- ❖ Vergleiche die beiden Bäckereien!
- ❖ Schreibe deine Meinung dazu auf die Rückseite des Blattes!

Im Laden werden die frischen Backwaren verkauft.	Viele Teigsorten werden schon am Vortag vorbereitet.
Für den Bäcker beginnt der Tag schon mitten in der Nacht.	Automatisch werden die Backwaren in den Ofen geschoben und gebacken.
Maschinen und Geräte helfen dem Bäcker, seinen Gesellen und Azubis.	Viele Maschinen übernehmen in der Brotfabrik die Arbeit.
In der Backstube werden zuerst Brote und Brötchen hergestellt, dann das übrige Gebäck.	Große Transportautos bringen die Backwaren zu den Geschäften, in denen sie verkauft werden.

Name | Datum

Im Kaufhaus

Im Kaufhaus arbeiten viele Menschen. Sie haben ganz unterschiedliche Berufe.

❖ Wer muss mit wem zusammenarbeiten? Verbinde mit Strichen!

❖ Suche dir einen Beruf aus, kreise ihn ein und schreibe auf die Rückseite des Blattes, was man in diesem Beruf braucht, von anderen Mitarbeitern wünscht ...!

Abteilungsleiter	Änderungs-schneiderin	Dekorateur	Einkäuferin	Fensterputzer	Kassierer
Lagerarbeiter	Pförtner	Reinigungskraft	Schlüsseldienst	Sekretärin	Verkäuferin

Name	Datum			

Arbeit im Handel und Verkauf

Lebensmittel – immer frisch!

Frau Schulze hat ein kleines Lebensmittelgeschäft. Schon ihre Eltern hatten es geführt. Seit ihrer Kindheit ist Frau Schulze mit allen Arbeiten hier vertraut.

Ganz früh am Morgen muss sie zum Großmarkt fahren, um frisches Obst und Gemüse einzukaufen. Auf dem Rückweg fährt sie zur Bank, um Wechselgeld abzuholen.

Im Laden dann legt sie die frische Ware schön aus, damit die Kunden sie gut sehen und auswählen können. Vor dem Öffnen des Ladens müssen die Glasscheiben blank geputzt werden.

Frau Schulze hat viele ältere Stammkunden, die gerne bei ihr einkaufen, weil sie so nett bedient werden und sich ein bisschen unterhalten können.

Nur zum Putzen hat Frau Schulze eine Hilfe, alle anderen Arbeiten muss sie selbst machen: kassieren, Regale auffüllen, Schaufenster dekorieren ...

Im Supermarkt ist vieles anders!

❖ Trage die Vor- und Nachteile in Stichworten in die Tabelle ein!

	kleines Geschäft		**Supermarkt**	
Arbeiten, die erledigt werden müssen	Vorteile	Nachteile	Vorteile	Nachteile
Ware einkaufen				
dekorieren				
kassieren				
beraten				

❖ Wo kaufst du am liebsten ein? Begründe deine Meinung! Du kannst dazu die Rückseite des Blattes benutzen.

Name	Datum			

Arbeitsverteilung in einem Betrieb

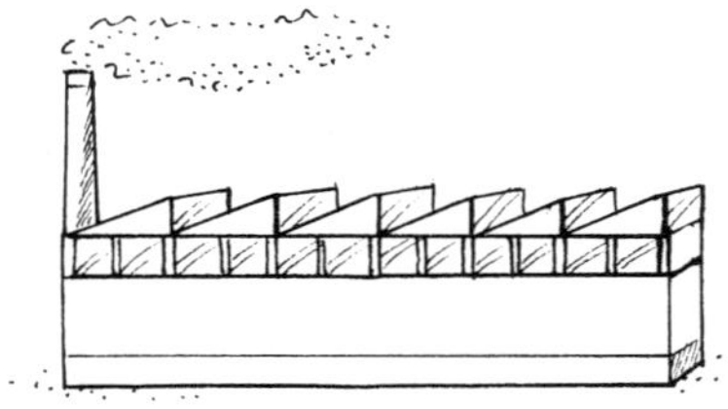

- ❖ Suche dir einen Betrieb in deiner Umgebung aus!
- ❖ Frage an, ob du einige Auskünfte bekommen kannst!

Mit wem hast du gesprochen? ______________________________

Wer begleitet dich? ____

- ❖ Befrage Menschen, die dort arbeiten!

Firma ____

Was macht man dort? _________________________________

Wie viele Menschen arbeiten dort? _______________________

Welche verschiedenen Aufgaben und Berufe gibt es dort?

Aufgabe	Wer erledigt sie?

- ❖ Notiere auf der Rückseite des Blattes, was du sonst noch über die Arbeitsplätze herausgefunden hast!

Name	Datum			

Berufsbekleidung und Zubehör schützen vor Gefahren am Arbeitsplatz

In vielen Berufen gibt es besondere Kleidung und Zubehör, um die Menschen vor Gefahren zu schützen.

❖ Überlege, welchen Gefahren die Menschen am Arbeitsplatz ausgesetzt sind! Ordne die folgenden Begriffe den Abbildungen zu: Absturzgefahr, Lärm, Zugluft, Staub, hängende Lasten, Gift!

① ______________________

② ______________________

③ ______________________

④ ______________________

⑤ ______________________

⑥ ______________________

❖ Die Menschen können sich vor diesen Gefahren schützen. Ordne die Schutzmaßnahmen den Abbildungen zu! Verbinde mit Linien!

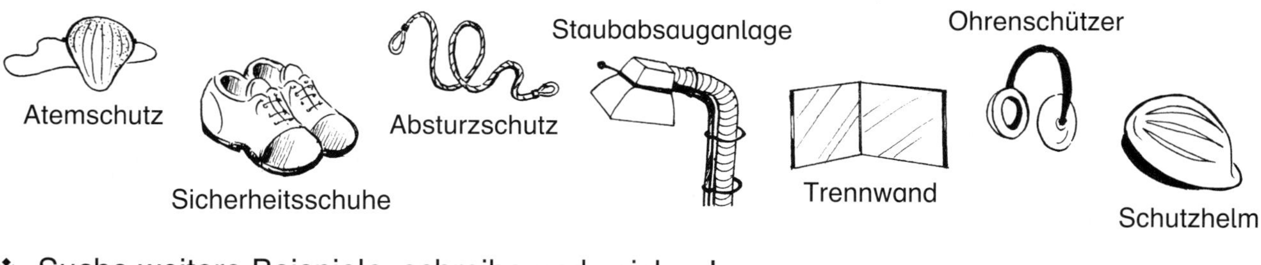

❖ Suche weitere Beispiele, schreibe und zeichne!
❖ Frage Eltern, Bekannte, andere Erwachsene, welchen Gefahren sie im Beruf ausgesetzt sind und wie sie sich schützen! Schreibe auf die Rückseite!

Name	Datum			

Berufe von A bis Z

(Spiel für 2 bis 6 Mitspieler)

Material:

- 1 Stoppuhr
- 1 Schere
- Papier

für jeden Mitspieler:

- 1 Schreibfeld (wie Tabelle unten)
- 1 Stift

❖ Vor Beginn des Spiels die Spieldauer absprechen, z. B. 20 Minuten.
❖ Schreibzeit je Buchstabe vereinbaren (z. B. 1 Minute).
❖ ABC-Karten herstellen (Q, X, Y weglassen) und verdeckt in die Tischmitte legen (oder wie bei „Stadt-Land-Fluss“ das ABC still aufsagen, 1 Mitspieler sagt nach einiger Zeit: „Halt!“).
❖ Eine Karte aufdecken, z. B. „M“.
❖ Nun schreibt jeder so viele Berufe mit diesem Buchstaben auf, wie ihm einfallen (z. B. Metzger, Malerin, Maurer, Müller, Maschinenbauer, Monteur, Mathelehrerin).
❖ Alle Berufe werden dann vorgelesen, zu jedem Typisches, Werkzeuge, Zubehör, Vorteile, Nachteile ... genannt.
❖ Es können auch Punkte vergeben und ein Gewinner ermittelt werden:
5 Punkte, wenn mehrere Mitspieler diesen Beruf genannt haben,
10 Punkte, wenn der Beruf nur einmal genannt wurde,
20 Punkte, wenn nur 1 Mitspieler einen Beruf zu diesem Buchstaben gefunden hat.

Buchstabe	Berufe	Punkte

❖ Denkt euch weitere Spielmöglichkeiten zum Thema „Berufe“ aus!

Name	Datum			

Vielfältige Dienstleistungen

In jedem Ort müssen vielfältige allgemeine Aufgaben erfüllt werden.

ZEILIPO
UNGSDIENSTRETT
ABFUHRMÜLL

Bei Notfällen hilft der ____ .

Für die Sicherheit sorgt die ____ .

Die Beseitigung des Abfalls erledigt die ________________________________ .

Außerdem müssen die Versorgung mit Wasser und Energie, der Transport von Menschen und Gütern und viele andere Leistungen sichergestellt werden.

- ❖ Kreise ein, wo Dienstleistungen erbracht werden!
- ❖ Suche dir einen Dienstleister aus!
- ❖ Informiere dich über die Aufgaben und Arbeiten, die dort zu erfüllen sind!
- ❖ Schreibe eine Stichwortliste!
- ❖ Besorge dir Bild- und Informationsmaterial!
- ❖ Erstelle ein Informationsblatt oder ein Plakat, das in der Klasse oder Schule ausgehängt werden kann!
- ❖ Bereite eine Präsentation deiner Ergebnisse vor!

Name	Datum			

Der Rettungsdienst – immer in Alarmbereitschaft

❖ Schreibe zu den Abbildungen, in welchen Notsituationen hier der Rettungsdienst hilft!

Sicher hast du schon einmal ein Feuerwehrfahrzeug im Einsatz gesehen. Es ist zu

erkennen am ______________________ und am ______________________ .
(TULBLIACH) (NATHONMIRRS)

❖ Sammle Berichte und Abbildungen von Rettungsdiensteinsätzen!
❖ Bereite eine Präsentation in der Klasse vor!

Name	Datum			

Alarm! Alarm!

Der Rettungsdienst ist Tag und Nacht in Alarmbereitschaft. Wenn ein Notruf bei der Zentrale eingeht, werden alle Angaben in einen Computer eingegeben.

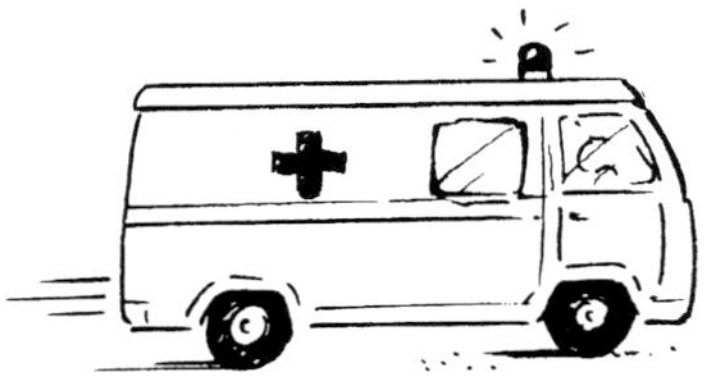

❖ Hier ist etwas durcheinandergeraten. Schneide die Satzstreifen aus und bringe sie in die richtige Reihenfolge!

❖ Klebe sie oben ein!

✂ -

Der Computer hat inzwischen die schnellste Fahrstrecke zum Einsatzort berechnet.
Über Funk wird Alarm gegeben.
Menschen werden aus der Gefahrenzone gebracht und versorgt.
Weitere Maßnahmen werden durchgeführt.
Am Unglücksort müssen die Feuerwehrleute feststellen, ob und wo Menschen verletzt sind.
Ungefähr 30 Sekunden nach dem Anruf sind die Feuerwehrleute einsatzbereit.

Name	Datum			

Gut gerüstet – die Feuerwehrleute

Da Feuerwehrleute in vielen gefährlichen Situationen eingesetzt werden, müssen sie eine sehr gute Ausbildung haben. Sie müssen sportlich und fit sein und machen regelmäßig Übungen, damit im Notfall alle Maßnahmen schnell und sicher ausgeführt werden können.

Darüber hinaus ist es aber auch besonders wichtig, eine passende Ausrüstung für die vielfältigen Aufgaben zu haben.

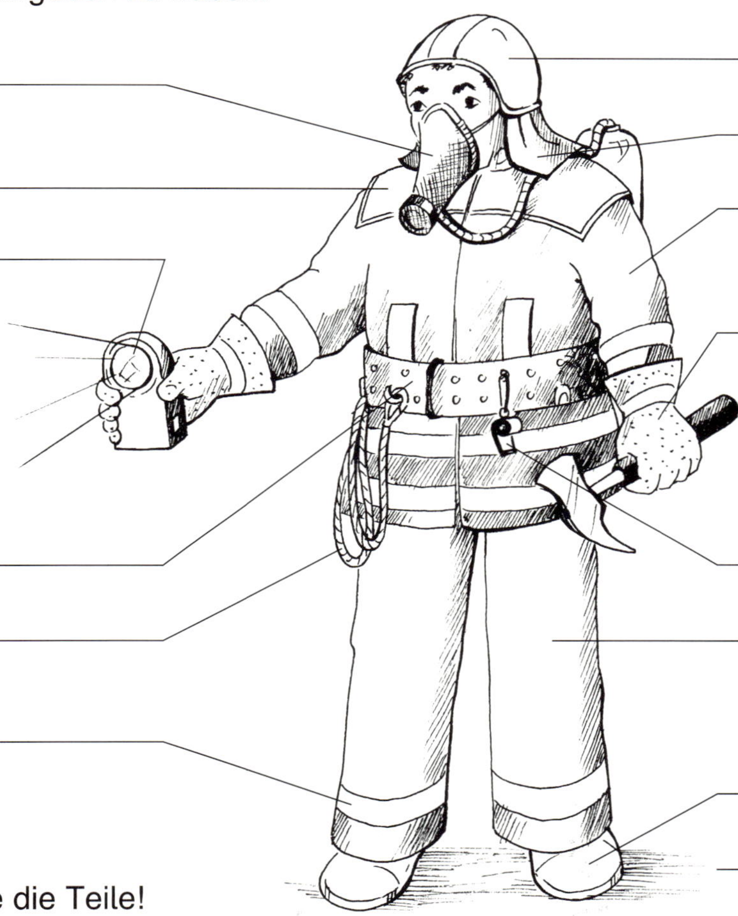

❖ Beschrifte die Teile!

Atemschutzgerät – feuerfeste Hose – feuerfeste Jacke – Feuerwehrbeil – Feuerwehrhelm – Handscheinwerfer – Nackenleder – Reflektorstreifen – Schutzhandschuhe – Schulterschutz – Sicherheitsgurt – Sicherungsleine – Signalpfeife – Stiefel mit dicker Gummisohle

❖ Suche drei Ausrüstungsteile aus und schreibe auf, wovor sie schützen!
Beispiel: Der Schulterschutz schützt vor herabfallenden Teilen.

2 Arbeit und Produktion

Überlegungen und Anregungen zur Didaktik und Methode:

Tragfähige Grundlagen

Einzelfertigung – arbeitsteilige Produktion S. 35
Von der Planung bis zum Verkauf S. 36
Backen für das Schulfest – vielerlei Arbeiten S. 37
Herstellung von Brötchen S. 38

Kenntnisse	Fertigkeiten / Fähigkeiten	Einstellungen / Haltungen	Bemerkungen
Die Kinder ● kennen und benennen Einzelfertigung und arbeitsteilige Produktion als verschiedene Vorgehensweisen bei der Herstellung, ● berichten von Erfahrungen bei unterschiedlichen Herstellungsarten, ● können den Weg eines Produktes von der Idee über Planung, Herstellung/Bearbeitung, Verpackung, Verkauf nachvollziehen und beschreiben, ● haben Kenntnisse über die Produktion von Gütern und Bedingungen dafür, ● wissen, dass man Backwaren nach Rezept herstellen muss.	● äußern und begründen ihre Meinung, ● probieren unterschiedliche Herstellungsarten eines Produktes aus, ● vergleichen ihre Vermutungen und ihre Erfahrungen bei unterschiedlichen Vorgehensweisen, ● dokumentieren Informationen/Arbeitsergebnisse über den Ablauf einer Produktionskette auf unterschiedliche Weise (z. B. Wandzeitung, Plakat, Leporello), ● werden in ihrer Planungsfähigkeit gestärkt, indem sie die einzelnen Schritte der Herstellung und des Vertriebes eines Produktes überlegen und Vor- und Nachteile von Entscheidungen abwägen müssen, ● organisieren Arbeitsabläufe und beschaffen benötigte Materialien, Zutaten, ● stärken ihre Kommunikationskompetenz, indem sie eine Fragehaltung aufbauen, Meinungen argumentativ vertreten bzw. die anderer akzeptieren, ● gewinnen Erfahrungen im passenden Umgang mit Werkstoffen, ● steigern ihre Fähigkeiten/Fertigkeiten im sachgerechten Umgang mit Werkzeugen, ● werden in ihrer Selbst- und Sozialkompetenz gefördert.	● entwickeln Offenheit und Wissbegier gegenüber technischen und sozialen Sachverhalten, ● erfahren und erlernen Möglichkeiten zur sach- und sozialbezogenen Kommunikation und Konfliktlösungsmöglichkeiten, ● merken, dass sie ihre Lebenswelt mitgestalten können und entwickeln Freude an der Herstellung von Produkten.	Unter Einzelfertigung wird hier die Herstellung eines Produktes durch eine Person verstanden. Dem gegenüber steht die arbeitsteilige Produktion, bei der mehrere Personen an der Herstellung eines Produktes beteiligt sind und jeder nur einen Teilschritt, eine bestimmte Tätigkeit ausführt. Wenn möglich, sollte ein außerschulischer Lernort in der Schulumgebung aufgesucht werden, falls dies nicht möglich ist, evtl. Experten in die Klasse einladen. Verwendung von Werbeprospekten, Zeitungsausschnitten etc. Über Auswirkungen und Folgeerscheinungen von Produktionen (Abfall, Schadstoffe, Verbrauch von Rohstoffen, Verwendung wiederverwertbarer Stoffe ...) sollte ein Unterrichtsgespräch stattfinden. Weitere Anknüpfungspunkte: Raum und Umwelt (Produkte, die aus anderen Ländern zu uns kommen, Arbeitsbedingungen in anderen Ländern, Kinderarbeit ...), Umwelterziehung (Sinnhaftigkeit langer Transportwege, Verwendung von Produkten, die bei uns jahreszeitlich angeboten werden ...). Backen für ein Schulfest ist hier nur exemplarisch als eine Möglichkeit ausgeführt. Es kann z. B. auch Suppe gekocht, Marmelade oder etwas anderes hergestellt werden. In jedem Fall ist es wichtig, von den Ideen/Vorschlägen der Kinder auszugehen und die Planungs- und Herstellungsschritte durch die Kinder ausführen zu lassen.

Tragfähige Grundlagen			
Kenntnisse	**Fertigkeiten / Fähigkeiten**	**Einstellungen / Haltungen**	**Bemerkungen**
Frauen und Männer bei der gleichen Arbeit **Früher und heute** **Arbeitsplätze verändern sich** **Technik erleichtert die Arbeit** **Automatisierung in der Produktion** **Ehrenamtliche Arbeit**			**S. 39** **S. 40** **S. 41** **S. 42** **S. 43** **S. 44**
Die Kinder • wissen, dass Männer und Frauen den gleichen Beruf ausüben könnnen, • finden die männliche und weibliche Bezeichnung für einige Berufe, • schreiben auf, in welchem Beruf sie am liebsten arbeiten würden, • wissen, dass Kinder früher schon in jungen Jahren mitarbeiten mussten, • wissen und formulieren, wodurch heute die Berufswahl beeinflusst wird, • benennen Vor- und Nachteile zum Arbeits-/Wohnort in der Vergangenheit, Gegenwart und Zukunft, • kennen unentgeltliche Arbeiten für die Gemeinschaft (im schulischen und außerschulischen Bereich) und den Begriff „Ehrenamt".	• äußern und begründen ihre Meinung, • wägen Vor- und Nachteile zu verschiedenen Situationen ab, • bauen eine Fragehaltung auf, • benutzen verschiedene Quellen zur Informationsgewinnung, • präsentieren ihre Ergebnisse.	• schätzen Gleichberechtigung am Arbeitsplatz als hohes Gut, • entwickeln Offenheit und Wissbegier gegenüber technischen sowie sozialen Sachverhalten, • entwickeln Bereitschaft zu sach- und sozialbezogener Kommunikation, • entwickeln die Bereitschaft, sich für eine Gemeinschaft einzusetzen, • schätzen Arbeit, die ohne Entgelt für eine Gemeinschaft erbracht wird als besonders hochwertig.	Austausch im Klassengespräch über heutige Berufswahl/Berufschancen. Bezüge zum Bereich „Zeit und Kultur" aus dem Lebensumfeld der Kinder sollten hergestellt werden. Ehrenamtliche Tätigkeit ist den Kindern von den Schulmitwirkungsgremien bekannt, aber auch Trainer, Helfer im kirchlichen Bereich dürften den Kindern nicht unbekannt sein.

Tragfähige Grundlagen

Kenntnisse	Fertigkeiten / Fähigkeiten	Einstellungen / Haltungen	Bemerkungen
Die Kinder • wissen, dass man nicht immer in seinem Traumberuf arbeiten kann, • benennen Gründe, weshalb ein Berufswechsel nötig sein kann, • denken über die materiellen und nichtmateriellen Folgen der Arbeitslosigkeit für die Betroffenen und deren Familien nach und benennen sie, • wissen, dass eine Arbeitsplatzveränderung nicht nur für den Betroffenen, sondern auch für seine Angehörigen sehr folgenreich sein kann, • wissen, dass es Arbeitnehmer und Arbeitgeber gibt, die viele und auch unterschiedliche Aufgaben haben, • können Wünsche von Arbeitnehmern und Arbeitgebern nachvollziehen und formulieren.	• nutzen die Technik des Befragens zur Informationsgewinnung, • erkennen Gefühle von anderen und setzen sich mit ihnen auseinander, • versetzen sich im Rollenspiel in andere Personen und finden Lösungsansätze für Konflikte, • informieren sich über einen ausgewählten Tätigkeitsbereich, • dokumentieren Ergebnisse auf unterschiedliche Weise, • präsentieren ihre Ergebnisse.	• erkennen jede Form von Arbeit als gleichwertig und nützlich an, • wissen um die Problematik, arbeitslos zu sein oder zu werden, und achten die Würde des Menschen unabhängig von einer Tätigkeit, • entwickeln Offenheit gegenüber sozialen Sachverhalten.	Das Behandeln des Bereiches „Arbeitslosigkeit" kann zu Problemen führen, wenn einige Kinder in der Klasse sich in einer entsprechenden familiären Situation befinden. Auf jeden Fall erst abklären und sensibel damit umgehen. Es ist auch möglich, den Bereich „Arbeitslosigkeit" im Zusammenhang mit dem Strukturwandel in der Region zu thematisieren. Das Thema „Kinderarbeit" kann mit historischen Bezügen oder dem Bereich „Raum und Umwelt" aufgegriffen werden.

Name	Datum			

Einzelfertigung – arbeitsteilige Produktion

Wenn Produkte hergestellt werden, kann das auf zwei Arten geschehen. Entweder arbeitet eine einzelne Person von Beginn an bis das Produkt fertig ist. Man spricht dann von **Einzelfertigung**. Es ist aber auch möglich, dass viele Menschen an der Herstellung des Produktes beteiligt sind. Jeder übernimmt nur einen bestimmten Arbeitsschritt. Wenn also ein Produkt mehrere Stationen bei der Herstellung durchläuft, spricht man von **arbeitsteiliger Produktion**.

Für einen Basar möchte eine Klasse etwas herstellen.
Zuerst werden von allen Ideen gesammelt.

❖ Ergänze die Vorschläge und suche ein Produkt aus! ______________________

❖ Begründe deine Auswahl: ______________________

____

Fast jedes Produkt kann in Einzelarbeit oder in arbeitsteiliger Produktion hergestellt werden.
❖ Vermute, welche Vor- und Nachteile die unterschiedlichen Herstellungsarten haben!

Herstellungsart	Vorteile	Nachteile
Einzelfertigung		
arbeitsteilige Produktion		

❖ Probiert die unterschiedlichen Herstellungsarten in der Klasse aus! Vergleiche deine Erfahrungen mit deinen Vermutungen!
❖ Macht ein Leporello mit den einzelnen Schritten vom Rohstoff bis zum fertigen Produkt, der Verpackung, dem Transport, dem Verkauf!

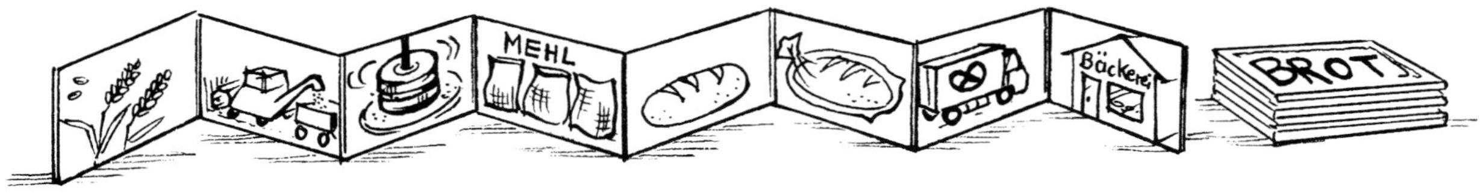

Name	Datum			

Von der Planung bis zum Verkauf

Es sind viele Schritte nötig von der Idee, etwas herzustellen, bis zum Verkauf eines Produktes. Viele Fragen müssen zuerst beantwortet werden.

Ideen

Welches Produkt soll in der Klasse hergestellt werden (Auswahl)?

▼

Vorüberlegungen

- Was macht dieses Produkt interessant? ______________________
- Gibt es genug Käufer für dieses Produkt? ______________________

▼

Planung

- Wie soll das Produkt aussehen?
- Aus welchem Material soll es hergestellt werden?
- Welche Werkzeuge / Maschinen werden für die Herstellung benötigt?
- Wie groß soll das Produkt werden?
- Wie sollen die Einzelteile aussehen?
- Wie viele Exemplare sollen hergestellt werden?
- Wo soll es hergestellt werden?
- Wie soll die Produktion ablaufen?
- Was wird sonst noch gebraucht?

____

____

____

▼

Produktion / Verpackung

- Herstellung der Einzelteile
- Zusammenbau der Einzelteile
- Bearbeitung des Produktes
- Lagerung
- Wie wird es verpackt?

____

____

____

▼

Werbung / Verkauf

- Werbeplakate / Werbefotos?
- Kundenbesuche
- Stand auf dem Flohmarkt / Schulbasar
- Tag der offenen Tür

____

____

____

❖ Schreibe weitere Fragen oder Hinweise auf!

Name	Datum			

Backen für das Schulfest – vielerlei Arbeiten

Für ein Schulfest möchte die Klasse 4a backen. Es sollen Pizzabrötchen und kleine runde Kuchen hergestellt werden.

Viele Arbeiten fallen an.

- Rezepte suchen
- Verzierung der Kuchen
- Verkauf des Gebäcks
- Schreiben einer Einkaufsliste
- nötige Geräte
- Bereitstellung zum Verkauf
- Wer ist wofür zuständig?
- Verpackung?
- Geschirr?
- Einkaufen

❖ Ergänze, was noch nötig ist!

❖ Wie würdest du die Arbeit organisieren? ______________________________

____

____

____

____

❖ Stellt in Kleingruppen eure Vorstellungen vor und diskutiert sie!

❖ Brötchen könnt ihr auch herstellen, vielleicht für ein Klassenfrühstück? Das Rezept findet ihr auf der Seite 38.

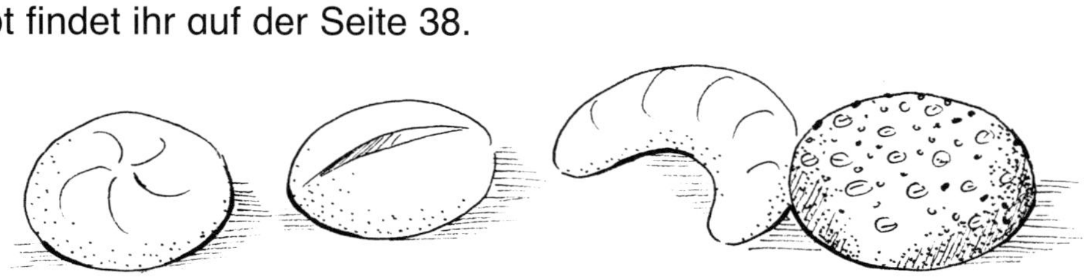

Name	Datum			

Herstellung von Brötchen

Zutaten:

500 g Mehl
1 Päckchen Backpulver
250 g Quark
8 Esslöffel Milch
8 Esslöffel Öl
2 Eier
2 Teelöffel Salz
nach Belieben:
Sesam, Mohn, Sonnenblumenkerne

Geräte:

- ein eingefettetes Backblech
- eine große Schüssel
- Esslöffel
- Teelöffel
- elektrisches Handrührgerät mit Knethaken

Zubereitung:

- Quark abtropfen lassen
- mit Milch in eine Schüssel geben
- Eier, Öl und Salz zugeben
- alles verrühren

- Mehl mit Backpulver mischen
- über die Quarkmasse sieben
- Teig gut verkneten

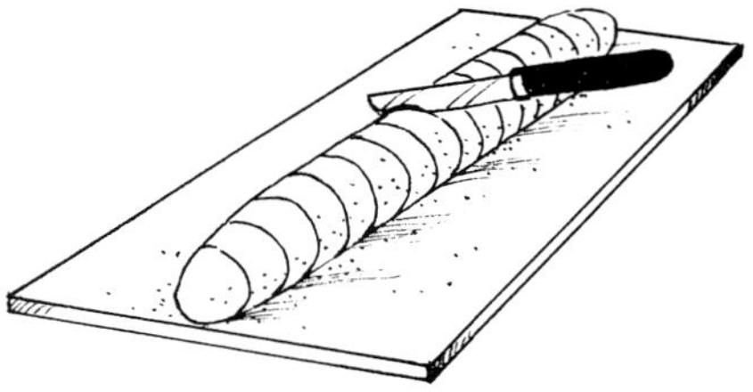

- auf einer bemehlten Fläche Teig zu einer Rolle formen
- in 16 gleich große Stücke teilen
- jedes Teigstück zu einer Kugel formen
- nach Belieben Sesam, Mohn oder Sonnenblumenkerne verwenden

- Brötchen auf das Backblech setzen
- ca. 20 Min. auf der mittleren Schiene backen (Umluftherd 180 Grad)

- Wer es lieber süß mag, kann das Salz weglassen und in den Teig 100 g gewaschene und trocken getupfte Rosinen geben.

Name	Datum			

Frauen und Männer bei der gleichen Arbeit

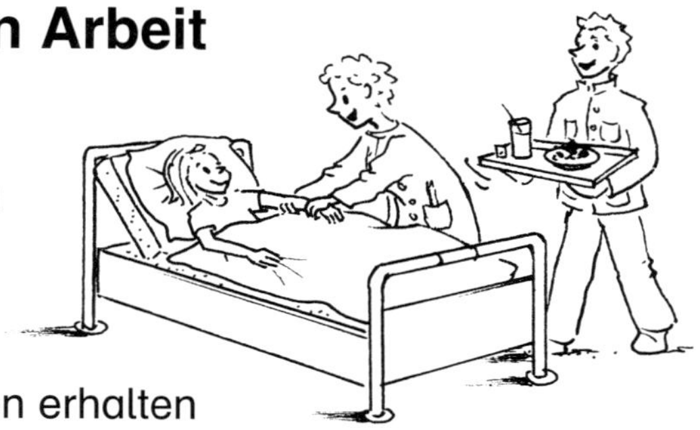

Früher gab es viele typische Männerberufe und Frauenberufe. In Männerberufen kam es bei vielen Arbeiten vor allem auf Körperkraft, aber auch auf eine gute Ausbildung an.
Heute erledigen oft Maschinen und andere Hilfsmittel körperlich schwere Arbeiten und die Mädchen erhalten dieselbe schulische Ausbildung wie die Jungen.
Heute sind Frauen und Männer gleichberechtigt und erfüllen die gleiche Arbeit.

❖ Schreibe die jeweils fehlende Berufsbezeichnung in die Tabelle!
❖ Finde noch weitere Beispiele!

Frauen	**Männer**	**Was machen beide?**
Krankenschwester		
	Polizist	
Lehrerin		
	Apotheker	
Köchin		
	Kellner	
Richterin		
	Gärtner	
Sekretärin		
	Hausmann	
Busfahrerin		
	Verkäufer	

❖ Schreibe auf, in welchem Beruf du am liebsten arbeiten möchtest und warum!

____

____

Name	Datum			

Früher und heute

Früher mussten ein Mädchen bei seiner Mutter und ein Junge bei seinem Vater schon sehr früh mitarbeiten.

Zuerst erledigten sie einfache Tätigkeiten,
z. B. Feuer anmachen und die Glut erhalten,
Werkzeug und Material herbeiholen,
Geräte und Räume säubern ...

später auch schwerere Arbeiten,
z. B. Wasser holen, Holz hacken,
Steine und Eimer schleppen,
Erze zerklopfen ...

So hat ein Kind schon früh gelernt,

- wie eine Arbeit eingeteilt wird,
- welche Teilschritte erforderlich sind,
- welche Hilfsmittel es gibt,
- welche Kunstgriffe eine Arbeit erleichtern oder verbessern,
- ____,
- ____.

❖ Ergänze weitere Erfahrungen!

Die bei den Eltern gelernte Arbeit wurde meist im Erwachsenenalter weitergeführt. Oft wurde der Beruf des Vaters übernommen und diese Arbeit bis zum Tod ausgeführt.

❖ Wie ist es heute meistens?

____

____

____

____

____

Name | **Datum**

Arbeitsplätze verändern sich

Vergangenheit	Gegenwart	Zukunft

Meistens wohnte und arbeitete man unter einem Dach. Die ganze Familie kannte den Beruf des Vaters, war mit den Tätigkeiten vertraut und half oft mit.	Heute liegen die Arbeitsstätten oft weit entfernt von den Wohnungen. Lange Strecken zur Arbeitsstelle müssen zurückgelegt werden. Die Kinder wissen oft nicht, welche Tätigleiten die Eltern in ihrem Beruf ausüben.	In der Zukunft werden Menschen immer häufiger zu Hause am Computer ihren Beruf ausüben können.
Vorteile:	**Vorteile:**	**Vorteile:**
Nachteile:	**Nachteile:**	**Nachteile:**

❖ Schreibe Vor- und Nachteile der verschiedenen Arbeitsplatzsituationen auf!

Name	Datum			

Technik erleichtert die Arbeit

Was früher mühselig und langsam erledigt werden musste, kann heute oft schnell und ohne große Anstrengung gemacht werden.

❖ Ergänze die Tabelle und finde ein weiteres Beispiel!

Arbeit	**Arbeitsgeräte / Zubehör früher**	**Arbeitsgeräte / Zubehör heute**
Hose nähen	Schere Nadel Knöpfe 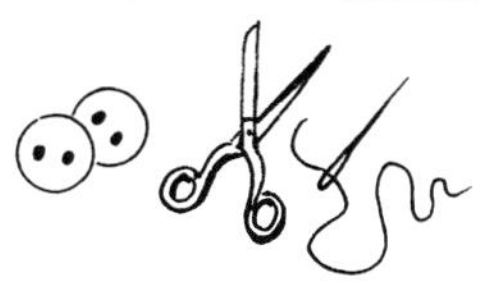	Stanzmaschine Nähmaschine Reißverschluss 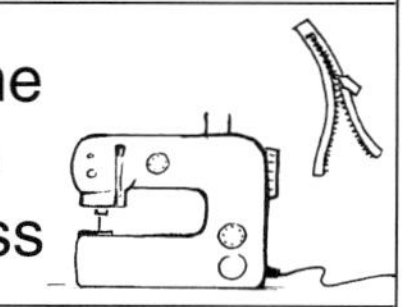
Möbel herstellen		
Feld bestellen (säen bis ernten)		

Viele Geräte und Maschinen arbeiten viel schneller, genauer, zuverlässiger und billiger als Menschen. Dadurch fallen viele Arbeitsplätze weg.

❖ Findest du das gut oder schlecht?
❖ Begründe deine Meinung!

Name	Datum			

Automatisierung in der Produktion

Bei der Herstellung von Waren werden heute viele Arbeiten von **Robotern** (mit Greifarmen oder Werkzeugen) ausgeführt. **Computer** steuern diese Roboter elektronisch. Roboter, Computer und zahlreiche andere Maschinen erleichtern den **Menschen** die Arbeit.

❖ Schreibe auf, welche Tätigkeiten Roboter (R), Computer (C) und Menschen (M) bei der Automobilproduktion übernehmen!

(C) berechnen	◯ formen	◯ heben	◯ pressen
◯ reparieren	◯ Daten verarbeiten	◯ warten	◯ schweißen
◯ planen	◯ programmieren	◯ lackieren	◯ kontrollieren
◯ steuern	◯ schrauben	◯ transportieren	◯ drehen

Die Arbeitsbedingungen haben sich für die Menschen in den letzten Jahrzehnten stark verändert. Maschinen helfen oder übernehmen Arbeitsschritte ganz.
Dadurch gibt es viele Erleichterungen für die Menschen.

❖ Schreibe einige auf! ______________________________

____

Durch die Automatisierung werden nur noch wenige Menschen gebraucht, die die Computer, Maschinen und Roboter bedienen, warten und reparieren. Das hat auch Nachteile.

❖ Kreuze an, welche Nachteile du siehst und ergänze weitere!

- ☐ Man kann sich kaum mehr mit anderen austauschen.
- ☐ Die Zeit kann kaum selbst eingeteilt werden.
- ☐ Die Arbeit ist sehr eintönig.
- ☐ Man unterliegt starker Kontrolle.
- ☐ Es gibt immer weniger Arbeitsplätze.
- ☐ ______________________________
- ☐ ______________________________

Name	Datum			

Ehrenamtliche Arbeit

Es gibt viele Aufgaben, die für die Gemeinschaft erfüllt werden.

❖ Welche Ämter gibt es in deiner Klasse? Schreibe sie auf!

____

____

Auch außerhalb der Schule werden viele Aufgaben erfüllt, ohne dass die Menschen dafür Geld bekommen, z. B. Helfer in Altenheimen, Krankenbesucher, Ausleihdienste in Büchereien, Sammeln von Beiträgen oder Verteilen von Zeitungen für Vereine, Kirchen oder andere Gemeinschaften. Man nennt diese Arbeiten für eine Gemeinschaft **Ehrenämter**.

❖ Erkläre diesen Begriff! ______________________________

____

❖ Warum ist es so wichtig, dass viele Menschen sich für die Gemeinschaft engagieren?

____

____

❖ Schreibe auf die Rückseite des Blattes, welche ehrenamtlichen Tätigkeiten du kennst, und informiere dich, welche ehrenamtlichen Aufgaben noch vorkommen!

❖ Versuche, zu einer ehrenamtlichen Aufgabe möglichst viele Informationen zu sammeln! Stelle ein Informationsblatt zusammen und berichte in der Klasse über dieses Ehrenamt!

Name	Datum			

Der Arbeitsmarkt – Traumberuf und Wirklichkeit

Nicht immer kann man in seinem Traumberuf arbeiten.

❖ Befrage mehrere Erwachsene nach ihrem Traumberuf und welchen Beruf sie tatsächlich ausüben! Wenn sie nicht in ihrem Traumberuf arbeiten, frage nach den Gründen!

Frau / Herr			
Beruf			
Traumberuf			
Ich arbeite nicht in meinem Traumberuf, weil ...			

Manchmal müssen Menschen ihren Beruf wechseln, weil sie zum Beispiel sehr krank geworden sind.

❖ Überlege weitere Gründe, die einen Berufswechsel nötig machen! Notiere in Stichworten!

Name	Datum			

Entlassen!

Ein schlechter Tag für Herrn Gerber und seine Familie.

❖ Was bedeutet Arbeitslosigkeit für Herrn Gerber?

____

____

____

Viele Leute möchten Herrn Gerber trösten oder ihm einen Rat geben.

❖ Suche einen Namen für die Personen und schreibe dann auf, was sie ihm sagen!

 Frau Schmidt : ____________________________

 __________ : ____________________________

 __________ : ____________________________

 __________ : ____________________________

 __________ : ____________________________

❖ Was bedeutet Arbeitslosigkeit für Familie Gerber? Schreibe deine Meinung auf! Verwende dazu die Rückseite des Blattes!

Name	Datum			

Arbeitslos – was nun?

Für viele Familien ist Arbeitslosigkeit ein sehr bedrückendes Problem. Besonders, wenn die Suche nach einem neuen Arbeitsplatz schon über längere Zeit erfolglos ist, breitet sich Mutlosigkeit aus. Alle Mitglieder der Familie müssen sich einschränken.

- ❖ Was kann die Familie / jeder Einzelne machen? Was muss die Familie / jeder Einzelne machen, um die Situation zu verbessern?
- ❖ Jedes Familienmitglied überlegt und macht Vorschläge:

____

____

____

Wer seinen Arbeitsplatz verloren hat, muss sich sofort bei der Arbeitsagentur melden, um während der Arbeitslosigkeit Geld zu bekommen.
Viele Arbeitslose machen dann eine Umschulung oder einen Computerkurs, setzen ein Stellengesuch in die Zeitung, lesen Stellenangebote, schreiben Bewerbungen, würden auch weniger Lohn als früher in Kauf nehmen oder umziehen, um wieder Arbeit zu bekommen.

- ❖ Schreibe auf die Rückseite des Blattes, was du machen würdest, um Arbeit zu bekommen!

Name	Datum	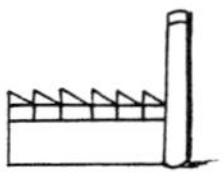		

Neue Arbeit in Sicht!

Die Firma Baufix bekam plötzlich nicht mehr so viele ________________ wie früher. Deshalb mussten Leute ____________________ werden. Ninas Vater wurde ________________________ . Er meldete sich sofort bei der ________________________ und ________________ sich gleichzeitig bei vielen anderen Betrieben. Zuerst fand Nina es sehr schön, dass ihr Vater nun immer zu Hause war. Aber ihr Vater war sehr ________________ , weil er dringend neue Arbeit suchte und von allen Betrieben nur ________________ erhielt.

Nach einiger Zeit der Arbeitslosigkeit konnte er eine Umschulung machen, um in einem anderen Beruf zu arbeiten. Auch an einem Computerkurs hat er erfolgreich ____________________ .

So bekam er eines Tages eine Einladung zu einem Vorstellungsgespräch in einen ________________ . Vater kam ________________________ nach Hause.

Endlich ein kleiner Hoffnungsschimmer!

Nach zwei Wochen sind alle________________ , denn Vater hat die neue Arbeit bekommen. Allerdings muss die Familie nun in einen anderen Ort ________________.

Aber ohne Vaters neue Arbeit hätten sie die große Wohnung sowieso nicht ________________ können.

Info:
Die Arbeitsagentur (= Bundesagentur für Arbeit) ist eine Behörde. Zu ihren Aufgaben gehören z. B. die Arbeitsvermittlung, die Zahlung von Arbeitslosengeld und die Förderung der beruflichen Bildung.

❖ Ergänze den Lückentext!

Absagen – Arbeitsagentur – Aufträge – Baumarkt – bedrückt – behalten – bewarb – entlassen – erleichtert – freudestrahlend – gekündigt – teilgenommen – umziehen

❖ Welche Folgen kann eine Arbeitsplatzveränderung noch haben?

____

____

Name	Datum	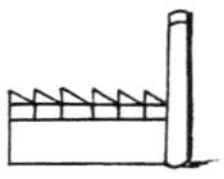		

Arbeitnehmer und Arbeitgeber

Leute, die bei einer Firma arbeiten und dafür Lohn bekommen, nennt man **Arbeitnehmer**.
Personen oder Gesellschaften, die Menschen beschäftigen und ihnen für ihre Arbeit Lohn bezahlen, sind **Arbeitgeber**.

❖ Ordne zu, was Arbeitgeber und Arbeitnehmer machen!

Lohn bezahlen – sich weiterbilden – die Unkosten erwirtschaften – pünktlich zur Arbeit kommen – Steuern an das Finanzamt überweisen – Arbeiten sorgfältig erledigen

Arbeitnehmer müssen	**Arbeitgeber müssen**

Viele Leute suchen eine Arbeit, sie möchten **Arbeitnehmer** sein.
Manche **Arbeitgeber** suchen Mitarbeiter oder Mitarbeiterinnen.

❖ Schreibe einige Wünsche von Arbeitnehmern und Arbeitgebern auf.

Arbeitnehmer	**Arbeitgeber**
Ich wünsche mir ... ● dass ich viel verdiene. ● eine interessante Arbeit. ● nette Kollegen. ● ______ ______ ● ______ ______ ● ______ ______	Ich wünsche mir ... ● einen zuverlässigen Mitarbeiter oder eine zuverlässige Mitarbeiterin. ● jemanden, der gerne hier mitarbeitet. ● eine Frau oder einen Mann, die oder der schon viel Erfahrungen in diesem Beruf hat. ● jemanden, der fleißig ist. ● ______ ______ ● ______ ______

Name	Datum			

Expertenblatt

Es gibt viele verschiedene Bereiche und Erscheinungsformen von Arbeit.

Kinderarbeit	Kurzarbeit	
	Teilzeitarbeit	ehrenamtliche Tätigkeit
selbstständige Arbeit		Hausarbeit

- ❖ Finde weitere Beispiele! Schreibe auf!
- ❖ Suche einen Bereich aus! Informiere dich (Befragung, Bücher, Internet ...) über dieses Thema!
- ❖ Stelle ein Informationsblatt oder ein Plakat zusammen (mit Bildern, Texten ...)! Zum Beispiel:

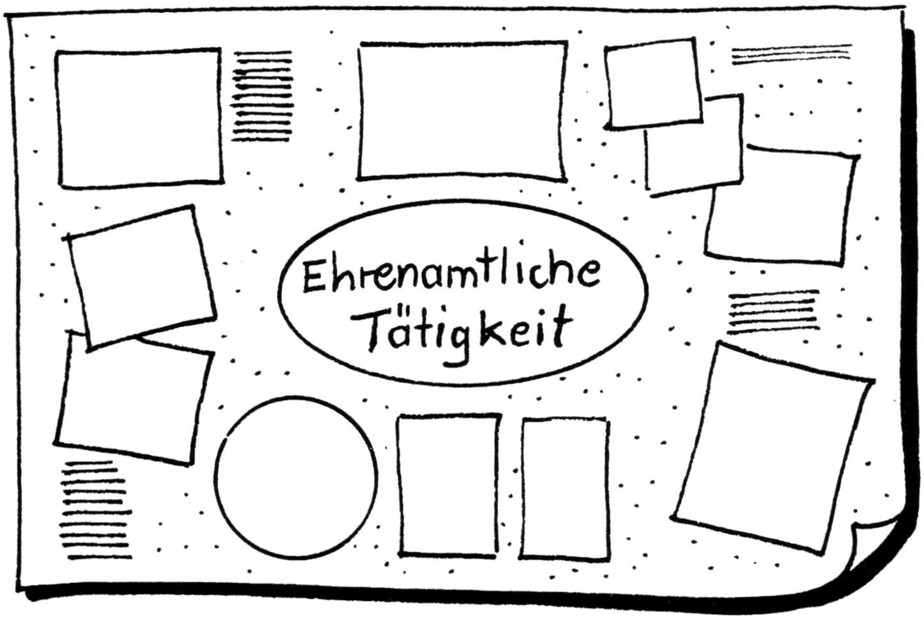

- ❖ Trage deine Ergebnisse in der Klasse vor!

3 Geräte und Maschinen: Hebel

Überlegungen und Anregungen zur Didaktik und Methode:

<table>
<tr><th colspan="4">Tragfähige Grundlagen</th></tr>
<tr><th>Kenntnisse</th><th>Fertigkeiten / Fähigkeiten</th><th>Einstellungen / Haltungen</th><th>Bemerkungen</th></tr>
<tr><td colspan="4"></td></tr>
<tr><td>Die Kinder
• erfahren, dass die Menschen schon beim Bau der Pyramiden einfache Maschinen benutzten,
• erfahren, wie schwere Lasten einfach zu bewegen sind,
• wissen, welche Teile zu einem Hebel gehören,
• lernen den Umgang mit einer Wippe,
• erfahren, dass man mit einem geringen Gewicht ein größeres Gewicht anheben kann,
• erfahren und erproben, dass die Waage bei gleichem Gewicht im Gleichgewicht ist,
• lernen, dass die Länge des Kraftarms etwas mit der Kraft zu tun hat, die aufgewendet werden muss,
• erfahren, wo überall mit der Kraft des Hebels gearbeitet wird,
• erfahren, dass man schon im Altertum das Gesetz des Hebels kannte.</td><td>• lernen, einem Bild Informationen zu entnehmen,
• entdecken verschiedene einfache Arbeitshilfen,
• ordnen die Abbildungen und sprechen über die Geschichte,
• bauen eine Wippe,
• führen verschiedene Versuche mit der Wippe aus,
• bauen eine Waage,
• wiegen mit verschiedenen Gewichten,
• bauen mit der Wippe die Abbildungen auf dem Arbeitsblatt nach,
• suchen nach weiteren Anwendungsbereichen des Hebels.</td><td>• lernen einzuschätzen, was die Menschen früher schon geleistet haben,
• erkennen, dass Erfindungen eigentlich immer sehr einfache Lösungen sind,
• lernen, mit einfachen Mitteln, kleine Maschinen zu bauen,
• lernen, selbstständig einfache Versuche durchzuführen,
• lernen, mit einfachen Gewichten zu wiegen,
• erfahren, dass die einfachen Naturgesetze überall im Alltag zur Anwendung kommen,
• lernen, alltägliche Dinge besser zu beobachten und einzuschätzen.</td><td>Das Bild vom Bau der Pyramiden ist gut als Einstieg in die Thematik geeignet.
Es ist angebracht, die Kinder selbst solche Versuche mit einem schweren Gegenstand durchführen zu lassen. Sie bekommen dann am besten ein Gefühl dafür, welche Hilfe ein Hebel sein kann.
Eine Wippe ist den meisten Kindern vom Spielplatz her bekannt. Ob sie die Gesetzmäßigkeit der Wippe kennen, ist zu erproben. Darum ist ein freies Experimentieren mit einer selbstgebauten Wippe angebracht.
Das Gleiche gilt auch für die Waage.
Erst dann sollte in einfacher Form auf die Gesetzmäßigkeit hingewiesen werden.
Wichtig ist die Einsicht, dass überall im Alltag mit dem Hebel gearbeitet wird. Bei den Bildern zur Anwendung des Hebels kommt auch der einseitige Hebel vor. Vielleicht kommen die Kinder von selbst darauf, wenn sie den Drehpunkt einzeichnen.</td></tr>
</table>

Name	Datum			

Die ersten Maschinen

Schon in frühester Zeit benutzten die Menschen Geräte und Maschinen, um sich die Arbeit zu erleichtern.

> Maschinen erzeugen oder übertragen Kräfte, die Arbeiten erledigen oder leichter machen.

Die ersten Maschinen waren wohl Tierfallen, die auf Bewegung reagierten. Aber auch Bohrer wurden schon früh eingesetzt, um Löcher oder Feuer zu machen.
Auch beim Bauen nutzten die Menschen schon vor langer Zeit einfache, aber sehr wirkungsvolle Maschinen. Die folgende Abbildung zeigt den Bau einer Pyramide in Ägypten vor etwa 4000 Jahren.

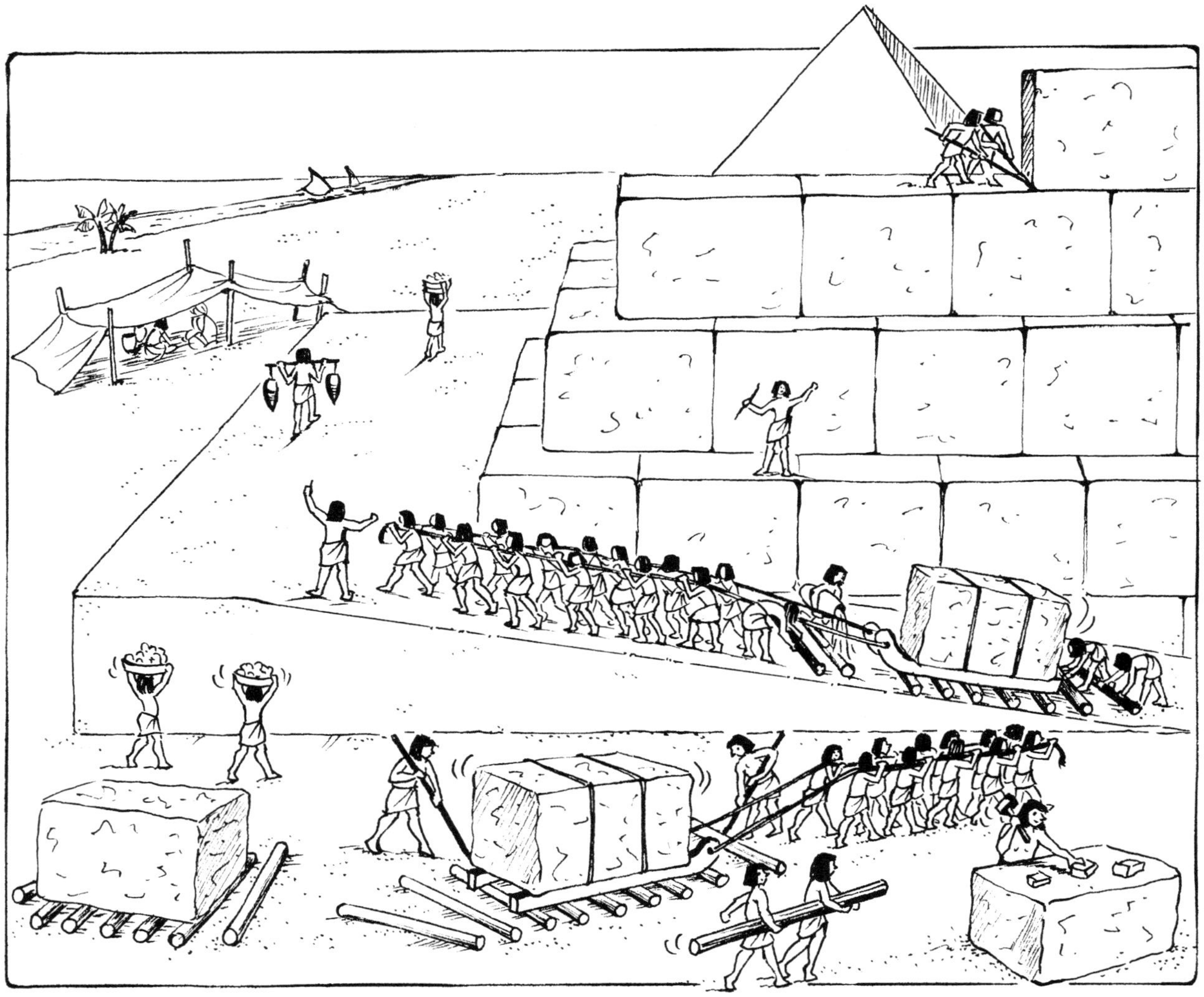

- ❖ Kreise auf der Abbildung ein, wo Hilfsmittel genutzt werden!
- ❖ Schreibe auf, welche Hilfsmittel das sind!

____

____

Name	Datum			

Gewusst wie!

❖ Schneide die Bilder aus, lege sie in die richtige Reihenfolge und klebe sie in dein Heft ein!

Lösungswort: __ __ __ __ __ __

❖ Wie erklärst du dir das?

____

____

____

❖ Probiere, wie du deinen Tornister leicher hochheben kannst! Mache Versuche mit mehreren Büchern! Sprich mit einem Partner über deine Beobachtungen!

❖ Ergänze die Lückenwörter! Schreibe den Text dann unter die Bildgeschichte!

Mit einer Stange, die man um einen festen Punkt drehen kann, gelingt es, schwere

__________ zu heben. Man nennt deshalb eine solche __________ einen Hebel.
SAELTEN TEGNSA

Name	Datum			

Eine Wippe bauen und mit Gewichten experimentieren

Material:

- dünne Holzleiste 30 cm lang, 5 cm breit
- Korken, Nagel
- kleiner Joghurtbecher
- Gewichte (Unterlegscheiben, Münzen, Knetestückchen, Kronkorken)
- Stift, Lineal

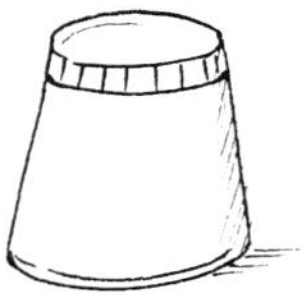

So wird es gemacht:

- einen Nagel durch den Korken bohren
- Korken mit Nagel in den Boden des Bechers stecken
- Holzleiste in Abschnitte von 5 cm unterteilen

Was du machen kannst:

❖ Arbeite am besten mit einem Partner!
❖ Zeichne deine Versuche ein!

① 

Holzleiste auf den Korken legen und ins Gleichgewicht bringen

② Leiste mit mehreren Gewichten auf beiden Seiten ins Gleichgewicht bringen	③ Gewichte auf der Leiste verschieben und Gleichgewicht herstellen
④ auf die eine Seite zwei Gewichte legen, auf die andere eins, durch Verschieben der Holzleiste Gleichgewicht herstellen	⑤ mit einem Gewicht möglichst viele Gewichte auf der anderen Seite anheben und ins Gleichgewicht bringen

❖ Macht ein Spiel daraus! Einer legt Gewichte auf, der andere muss sie ins Gleichgewicht bringen.
❖ Wie habt ihr das Gleichgewicht hergestellt?

◯ Gewichte weggenommen ◯ Gewichte dazugelegt ◯ Gewichte verschoben

◯ ______________________________

 KOPIERVORLAGE

Name	Datum			

Eine Waage bauen

Eine Waage ist auch ein Hebel und funktioniert wie eine Wippe.
Sie braucht zwei gleich lange Arme und einen Drehpunkt.

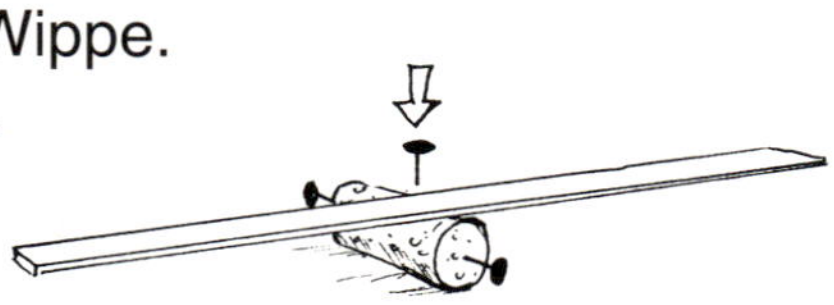

Material:

- dünne Holzleiste
- Korken
- zwei gleich große Joghurtbecher
- drei Nägel, zwei Reißzwecken
- zwei gleich große Deckel von Schraubgläsern
- Gewichte (Unterlegscheiben, Münzen, Knetestückchen, Kronkorken)
- Sand

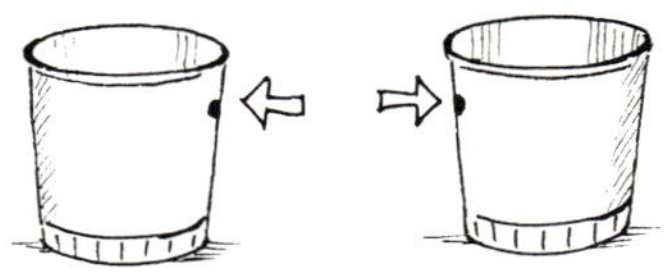

So wird es gemacht:

- die Nägel an beiden Enden durch den Korken bohren
- die Leiste genau in der Mitte mit einem Nagel auf dem Korken befestigen
- in beide Joghurtbecher je ein Loch in gleicher Höhe machen (die Löcher müssen so groß sein, dass sich die Nägel in ihnen gut bewegen können)
- den Korken mit der Holzleiste mithilfe der Nägel zwischen den Joghurtbechern befestigen
- die Becher mit Sand füllen
- kleine Löcher in die Mitte der Deckel machen
- die Deckel mit Reißzwecken auf der Leiste so befestigen, dass die Leiste in der Waage bleibt

❖ Wiege jetzt verschiedene Dinge!
Centstücke oder Kronkorken sind die Gewichte.
Achtung! Nur gleiche Centstücke zum Wiegen verwenden, sonst könnt ihr eure Ergebnisse nicht vergleichen!

	wiegt
ein Bonbon	Centstücke
ein Eurostück	Centstücke
ein Radiergummi	Centstücke
	Centstücke
	Centstücke
	Centstücke

	wiegt
	Kronkorken
	Kronkorken
	Kronkorken
	Kronkorken
	Kronkorken
	Kronkorken

Name	Datum			

Der Hebel hilft, Kraft sinnvoll einzusetzen

Der Hebel ist eine einfache Maschine. Mit seiner Hilfe kann Kraft verstärkt werden.

____

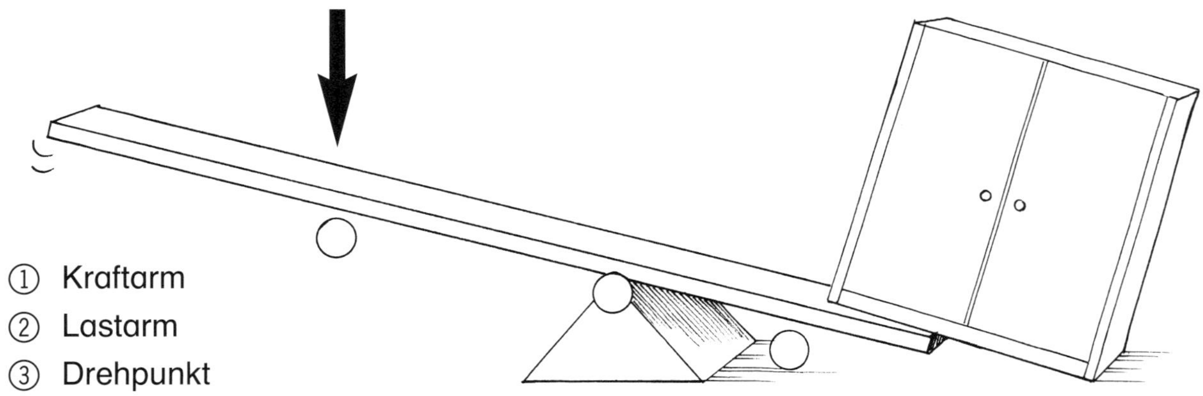

____

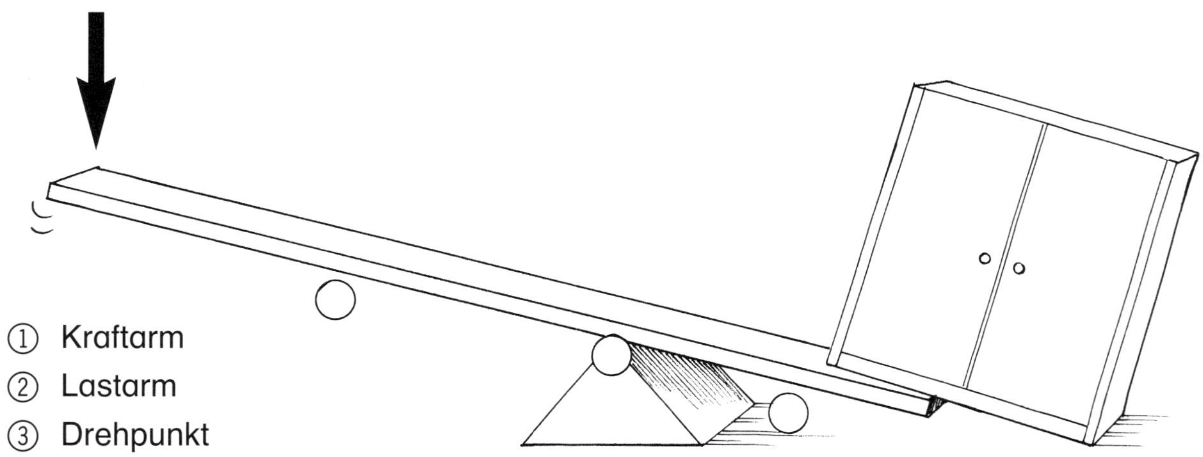

- ❖ Betrachte die beiden Abbildungen! Schreibe die entsprechenden Nummern zu den Begriffen!
- ❖ Beschrifte dann die beiden Pfeile oben mit „viel Kraft“ und „wenig Kraft“!

Merke:
Je länger der Kraftarm (Hebelarm) ist, an dem die Muskelkraft angreift, desto weniger Kraft muss aufgewendet werden.

Name	Datum			

Wird hier mit der Kraft des Hebels gearbeitet?

1  ja K nein M	2  ja A nein R	3  ja A nein O
4  ja F nein N	5 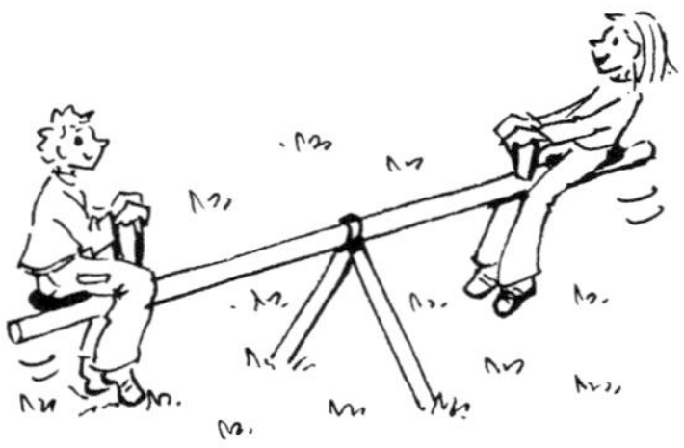 ja T nein E	6  ja S nein D
7  ja P nein I	8 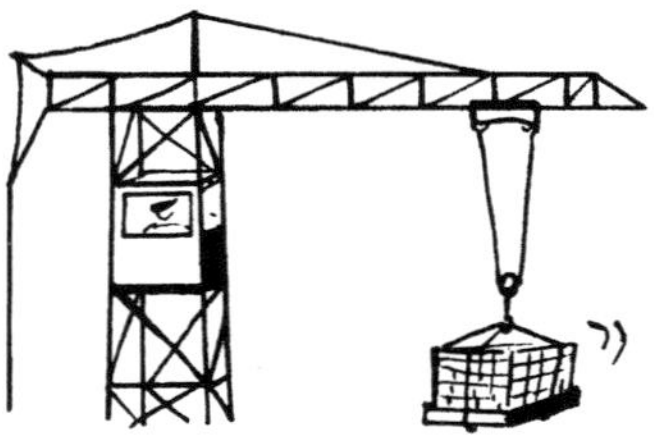 ja A nein C	9  ja R nein H
10  ja E nein R	11  ja N nein T	12  ja E nein D

❖ Kreuze an und kreise den Drehpunkt rot ein!
Lösungswort:
Die Nutzung des Hebels ist

1	2	3	4	5	6	7	8	9	10	11	12

.

❖ Besprich mit einem Partner deine Entscheidungen!

❖ Schreibe auf oder zeichne auf der Rückseite des Blattes, wo bei dir zu Hause Hebel zum Einsatz kommen!

Name	Datum			

Mit einem Hebel die Welt bewegen

Nimmt man einen Ast und legt ihn so auf einen kleinen Stein, dass man das längere Stück in der Hand hält, kann man einen großen _ _ _ _ _ anheben.

Als die Menschen in der Frühzeit das herausfanden, hatten sie eine der wichtigsten _ _ _ _ _ _ _ _ _ erfunden.

Der berühmte griechische Gelehrte _ _ _ _ _ _ _ _ _ _ erkannte schon um 250 vor Christus das _ _ _ _ _ _ , nach dem der _ _ _ _ _ wirksam wird. Er fand heraus, dass die _ _ _ _ _ , die man aufwenden muss, mit der _ _ _ _ _ des Hebels bis zum _ _ _ _ _ _ _ _ _ zusammenhängt.

Als Archimedes das erkannt hatte, soll er gesagt haben: „Gebt mir einen festen _ _ _ _ _ im Weltall, und ich hebe die _ _ _ _ aus den Angeln.

❖ Setze die fehlenden Wörter an der richtigen Stelle in den Text ein!

Archimedes, Drehpunkt, Gesetz, Hebel, Kraft, Länge, Maschinen, Punkt, Stein, Welt

3 Geräte u. Maschinen: Schiefe Ebene

Überlegungen und Anregungen zur Didaktik und Methode:

<table>
<tr><th colspan="4">Tragfähige Grundlagen</th></tr>
<tr><th>Kenntnisse</th><th>Fertigkeiten/
Fähigkeiten</th><th>Einstellungen/
Haltungen</th><th>Bemerkungen</th></tr>
<tr><td colspan="4">So wird die Arbeit leichter S. 60
Versuche zur schiefen Ebene (1) –
Das Geheimnis der schiefen Ebene S. 61
Versuche zur schiefen Ebene (2) –
Was hat eine Schraube mit der schiefen Ebene zu tun? S. 62
Wird hier die schiefe Ebene genutzt? S. 63</td></tr>
<tr><td>Die Kinder
• erkennen, dass die schiefe Ebene eine große Hilfe sein kann,
• erfahren, dass man mit der schiefen Ebene Kraft sparen kann,
• erfahren, dass eine Schraube nichts anderes ist als eine schiefe Ebene,
• erfahren, wo überall die schiefe Ebene genutzt wird.</td><td>• üben, eine Bildgeschichte zu interpretieren,
• üben, einer Bildgeschichte Informationen zu entnehmen,
• lernen, selbstständig Versuche aufzubauen und durchzuführen,
• lernen, gewonnene Erkenntnisse auf ähnliche Situationen und Geräte zu übertragen.</td><td>• erfahren, warum die schiefe Ebene anstelle einer Treppe gerade für Behinderte eine große Hilfe ist,
• bekommen eine Ahnung davon, warum immer wieder solche Hilfen gefordert werden,
• lernen, alltägliche Dinge besser zu beobachten und einzuschätzen,
• bekommen ein Gefühl für den Wert und die Bedeutung solcher einfachen Maschinen.</td><td>Es kann die Frage auftauchen, ob die schiefe Ebene überhaupt eine Maschine ist. Die Kinder sollten selbst nach Kriterien für eine Maschine suchen. Vielleicht hilft auch die Unterscheidung Werkzeug und Maschine.
Dabei sollte darauf hingewiesen werden, dass die schiefe Ebene überall eingesetzt werden kann und ein Energie umsetzendes Gerät ist.
Es kann sein, dass bei dem Versuch 1 bereits das Problem der Reibung auftritt.</td></tr>
</table>

Name	Datum			

So wird die Arbeit leichter

①

②

③

④

⑤

❖ Erkläre, warum es mit der Rampe einfacher geht!

____

____

____

____

____

____

Mithilfe einer Rampe haben die Menschen schon in frühester Zeit schwere Lasten bewegt. Man nennt diese einfache Maschine die „schiefe Ebene“.

Versuche zur schiefen Ebene (1) –
Das Geheimnis der „schiefen Ebene“

Material:

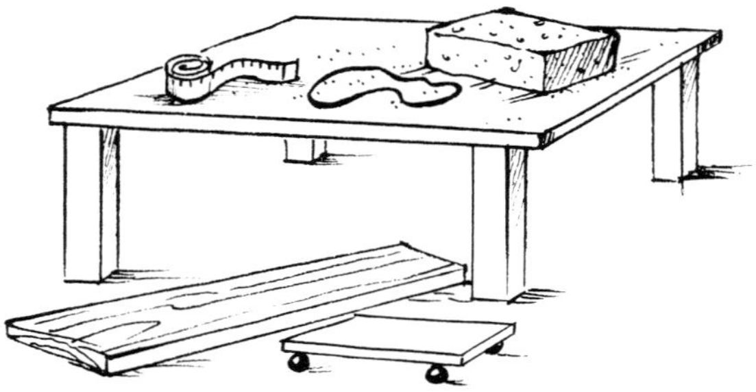

- starkes Gummiband
- Bandmaß
- Tisch, ca. 30 cm hoch
- ein Rollbrett
- Ziegelstein
- langes Brett

Frage:

Wie ist es am leichtesten, einen Stein auf den Tisch zu befördern: a) ihn senkrecht auf den Tisch zu heben, b) ihn über eine schiefe Ebene hochzuziehen oder c) ihn mit einem Rollbrett über die schiefene Ebene zu transportieren?

Vermutung:

Auf dem senkrechten Weg brauche ich	☐ mehr Kraft.	☐ weniger Kraft.
Über die schiefe Ebene brauche ich	☐ mehr Kraft.	☐ weniger Kraft.
Mit der schiefen Ebene und einem Rollbrett brauche ich	☐ mehr Kraft.	☐ weniger Kraft.

Durchführung:

1. Versuch

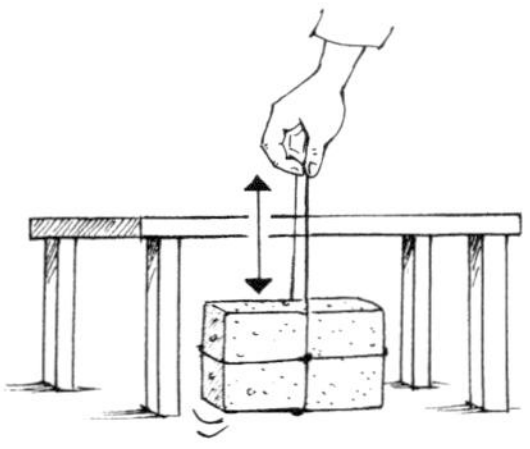

- das Gummiband um den Ziegelstein binden
- mit dem Gummiband den Ziegelstein in Tischhöhe anheben
- messen, wie lang das Gummiband ist

2. Versuch

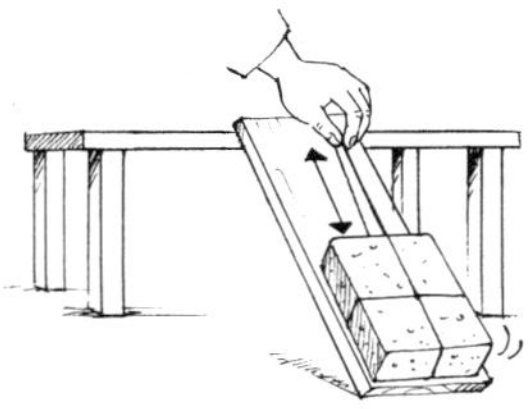

- eine schiefe Ebene bauen
- das Gummiband um den Ziegelstein binden
- mit dem Gummiband den Ziegelstein anziehen
- messen, wie lang das Gummiband wird, bis der Stein sich bewegt

3. Versuch

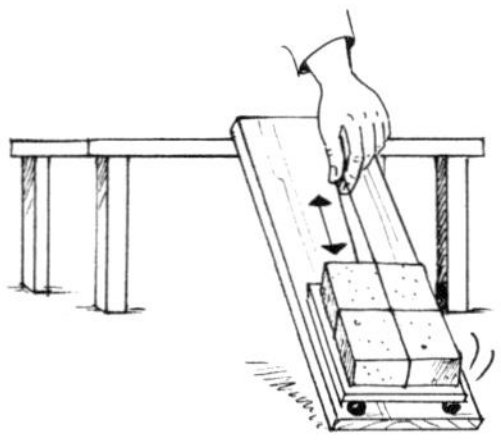

- den Ziegelstein auf ein Rollbrett legen
- mit dem Gummiband den Ziegelstein anziehen
- messen, wie lang das Gummiband wird, bis der Stein sich bewegt

1. Versuch Länge des Gummibandes	**2. Versuch** Länge des Gummibandes	**3. Versuch** Länge des Gummibandes

Beobachtung:

Die Länge des Gummibandes zeigt, wie viel Kraft aufgewendet werden muss, um den Ziegelstein auf den Tisch zu befördern. Je länger das Gummiband, desto mehr Kraft wird gebraucht.

Vergleich: Vermutung und Beobachtung

Erklärung:

Versuche zur schiefen Ebene (2) –

Was hat eine Schraube mit der schiefen Ebene zu tun?

Material:

- ein runder Stab
- ein rechtwinkliges Dreieck aus Papier (z. B. eine halbe Schreibpapierseite)

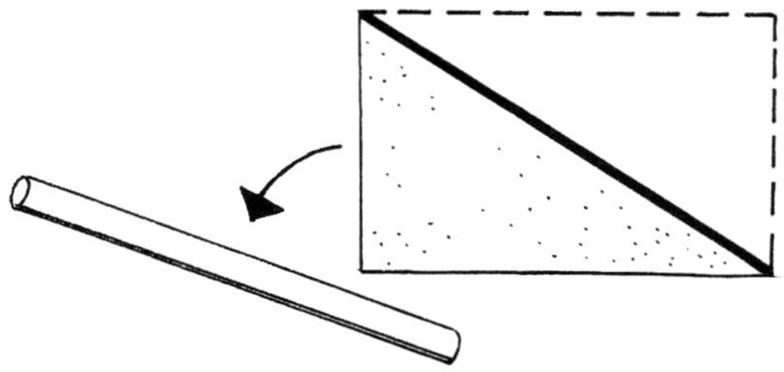

Frage:

Was hat eine Schraube mit der schiefen Ebene zu tun?

Vermutung:

____

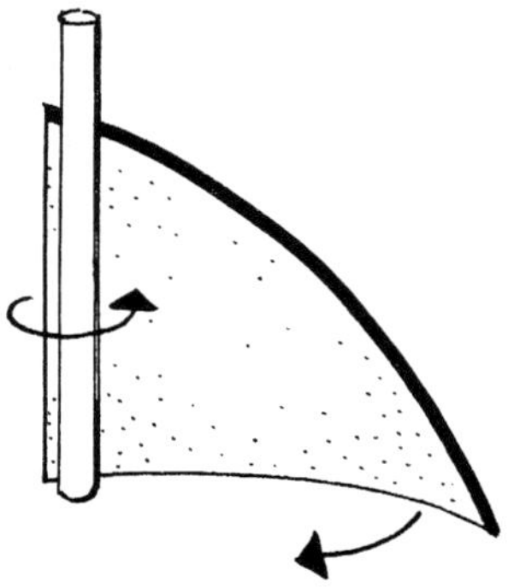

Durchführung:

- die lange Kante des Dreiecks rot färben
- das Papierdreieck um den Stab wickeln

Beobachtung:

❖ Zeichne auf, was sich ergibt!

❖ Vergleiche das Bild mit dem Gewinde einer Schraube!

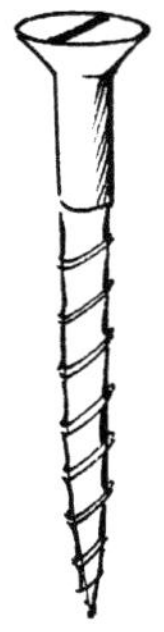

Vergleich: Vermutung und Beobachtung

Erklärung:

Das _ _ _ _ _ _ _ einer _ _ _ _ _ _ _ _ ist nichts anderes als eine

_ _ _ _ _ _ _ _ _ _ _ _ _ . Um das zu zeigen, schneide ich ein

_ _ _ _ _ _ _ mit einem rechten _ _ _ _ _ _ aus Papier aus. Das sieht aus wie

eine _ _ _ _ _ _ _ _ _ _ _ _ _ _ . Das Dreieck rolle ich um einen _ _ _ _ _ _

Stab. Die Linie, die dabei entsteht, gleicht dem _ _ _ _ _ _ _ einer Schraube.

❖ Setze die fehlenden Wörter in den Text ein!

Dreieck, Gewinde, Gewinde, runden, schiefe Ebene, schiefe Ebene, Schraube, Winkel

Name	Datum			

Wird hier die schiefe Ebene genutzt?

1

ja S nein T

2

ja C nein A

3

ja H nein L

4

ja A nein I

5

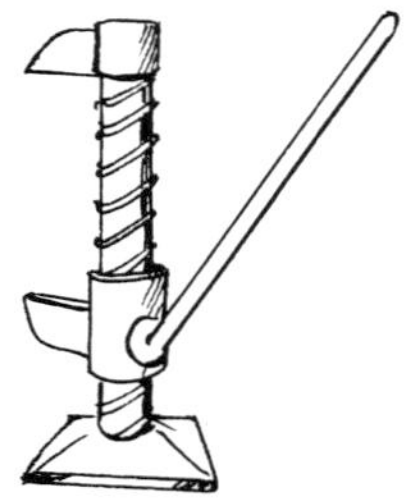

ja E nein R

6

ja F nein H

7

ja E nein B

8

ja N nein E

9

ja K nein B

10

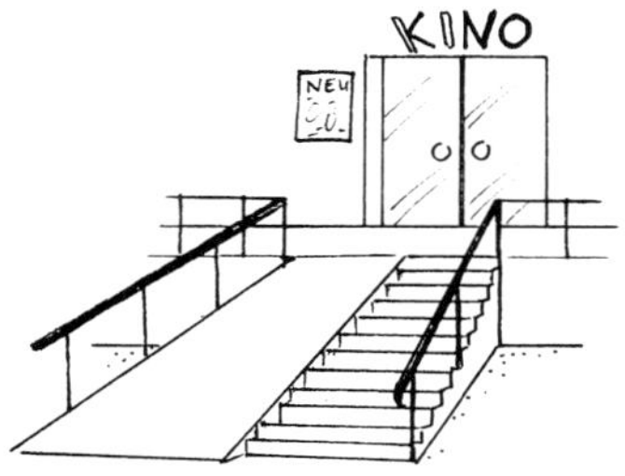

ja E nein O

11

ja N nein R

12

ja S nein E

- ❖ Kreuze die richtigen Antworten an!

Lösung: Die _ _ _ _ _ _ _ (1 2 3 4 5 6 7) _ _ _ _ _ (8 9 10 11 12) spart Kraft.

- ❖ Suche weitere Situationen, wo die schiefe Ebene genutzt wird! Zeichne oder schreibe auf die Rückseite des Blattes!
- ❖ Baue mit einem Partner eine schiefe Ebene! Lass verschiedene Spielzeugautos herunterfahren, Klötze oder Münzen rutschen ...!
- ❖ Verändere die schiefe Ebene (steiler, weniger steil ...)!
- ❖ Lege eine Tabelle auf der Rückseite des Blattes an und notiere deine Ergebnisse und Beobachtungen!

Überlegungen und Anregungen zur Didaktik und Methode:

Tragfähige Grundlagen			
Kenntnisse	**Fertigkeiten / Fähigkeiten**	**Einstellungen / Haltungen**	**Bemerkungen**
Vom Rad zur Maschine S. 65 Rollen helfen Lasten heben S. 66 Mit dem Aufzug auf und ab S. 67 Förderbänder S. 68			
Die Kinder • erfahren, dass eine Welle mit einem Rad Kraft sparen kann, • wissen: Je länger der Weg, desto weniger Kraft, • erfahren, wie Rollen helfen, Lasten zu heben, • wissen, dass sich mit jeder Rolle der Weg verlängert, • wissen, dass der längere Weg Kraft spart, • erfahren, wie ein Aufzug funktioniert, • erfahren, dass Rollen in viele Maschinen eingebaut werden.	• bauen das Modell eines Ziehbrunnens, • beobachten und messen Ergebnisse, • bauen einen einfachen Flaschenzug, • berechnen die Vorteile eines Flaschenzuges, • bauen ein einfaches Förderband, • lernen, mit Werkzeug umzugehen.	• machen eigene Erfahrungen mit technischen Problemen, • beobachten ihre Umwelt unter dem Aspekt des gelernten technischen Problems, • gewinnen Interesse an technischen Problemen, • entwickeln eigene Lösungen bei technischen Problemen.	Die Kinder sollen den vielfältigen Einsatz des Rades und der Rolle und der damit verbundenen Probleme kennenlernen. Dafür ist es wichtig, dass sie selbst einfache Maschinen bauen. Ob sie dafür die Vorgaben aufgreifen oder mit anderem Material, z. B. mit Lego, arbeiten, spielt keine Rolle. Die Kinder sollen sich kreativ mit diesem technischen Problem auseinandersetzen.

Name	Datum			

Vom Rad zur Maschine

Ein einfacher Ziehbrunnen zeigt, wie aus einem Rad und einer Welle ein einfache Maschine werden kann. Die Welle ist nichts anderes als ein zweites Rad. Welle und Rad sind beim Ziehbrunnen fest miteinander verbunden. Wenn das Rad gedreht wird, dreht sich auch die Welle.

❖ Schreibe auf, wo Ziehbrunnen verwendet werden und wurden!

____

____

❖ Baue einen Ziehbrunnen!

Material:

Verpackungen, Küchenrollen, Bierdeckel, Leisten, Bausteine, Joghurtbecher, Kordel, Haken ...

❖ Führe mehrere Versuche durch und trage deine Ergebnisse ein!

1. Wie viel cm Seil wickelt die Welle bei einer Umdrehung auf? ____________
2. Wie viel cm Seil wickelt die Welle bei einer Umdrehung des Rades auf? ________
3. Wie viele Umdrehungen macht die Welle, wenn das Rad einmal herumgedreht wird? ____________
4. Der Weg des Rades ist ____________ länger.

❖ Welche Vorteile bringt so ein Ziehbrunnen den Menschen?

____

____

____

Name	Datum			

Rollen helfen Lasten haben

Eine Maschine mit mehreren Rollen nennt man Flaschenzug.
Mit einem Flaschenzug können schwere Lasten gehoben werden.
Seine Wirkung lässt sich durch das Hebelgesetz erklären.
Weil das Seil über mehrere Rollen läuft, wird die Last nicht so hoch gehoben wie die Länge des verbrauchten Seils.
Die Kraft, die aufgewendet werden muss, teilt sich durch die Anzahl der Rollen.

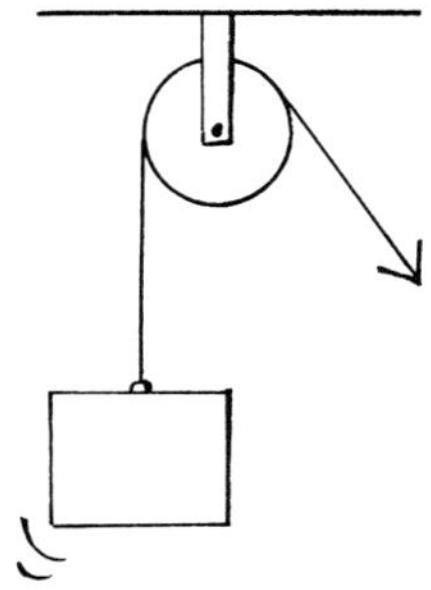

Eine feste Rolle

Wenn 60 cm Seil über die Rolle laufen, wird die Last auch 60 cm angehoben.

Der Aufwand an Kraft entspricht der Last.

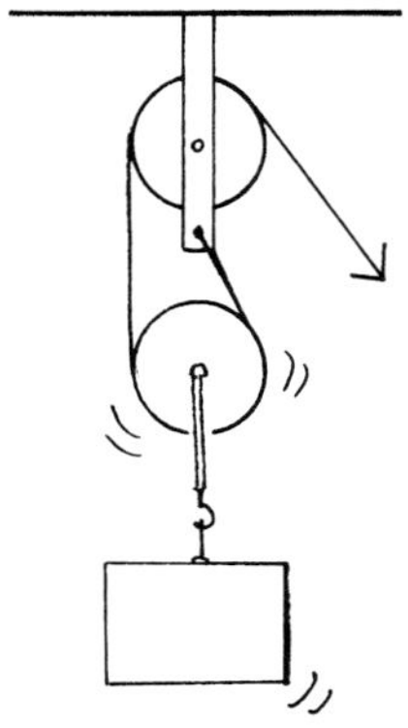

Eine feste und eine lose Rolle

Wenn 60 cm Seil über die Rollen laufen, wird die Last nur 30 cm angehoben.

Der Weg ist __ __ __ __ __ __ __ länger.

Dafür teilt sich aber auch der Kraftaufwand durch __ __ __ __ .

Es wird also nur die __ __ __ __ __ __ an Kraft gebraucht.

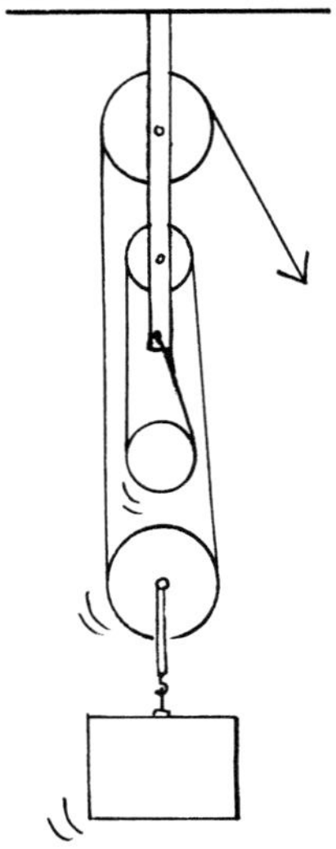

Zwei feste und zwei lose Rollen

Wenn 60 cm Seil über die Rollen laufen, wird die Last nur 15 cm angehoben.

Der Weg ist __ __ __ __ __ __ __ länger.

Dafür teilt sich aber auch der Kraftaufwand durch __ __ __ __ .

Es wird also nur ein __ __ __ __ __ __ __ der Kraft gebraucht.

- ❖ Male die festen Rollen rot und die losen Rollen grün aus!
- ❖ Setze folgende Wörter in die Texte ein: Hälfte, vier, viermal, Viertel, zweimal, zwei!
- ❖ Überlege und schreibe auf die Rückseite, bei welchen Maschinen dieses Prinzip des Flaschenzuges angewendet wird!

Name	Datum			

Mit dem Aufzug auf und ab

Ein Aufzug ist eine kleine Kabine, in der Menschen oder Lasten von einem Stockwerk zum anderen befördert werden. Er wird an Stahlseilen hinaufgezogen oder heruntergelassen. An dem einen Ende des Stahlseils hängt die Kabine, an dem anderen ein schweres Gewicht. Das wird als Gegengewicht bezeichnet. Die Stahlseile laufen über eine Seiltrommel, die von einem Elektromotor angetrieben wird. Der Aufzug und das Gegengewicht gleiten zwischen Führungsschienen.

❖ Überlege und schreibe auf!
Warum kommt der Aufzug mit einem verhältnismäßig kleinen Motor aus?
Die Skizze kann dir bei der Erklärung helfen.

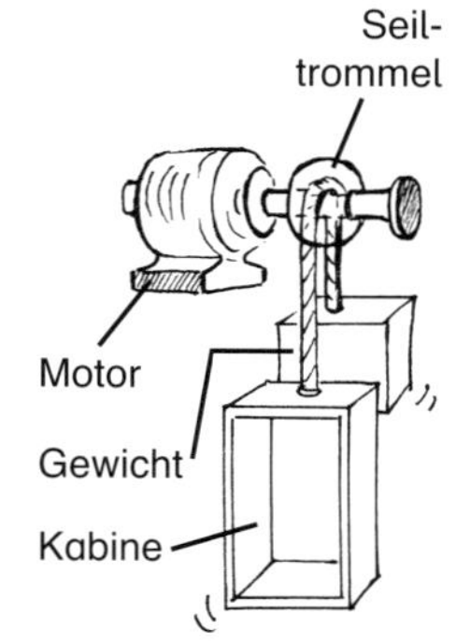

❖ Wo hast du schon einen Aufzug benutzt oder gesehen?

Name	Datum			

Förderbänder

Transportbänder werden an vielen Orten zum Bewegen von Material und Waren verwendet. An vielen Flughäfen können auch Menschen auf ein Förderband treten und sich mit ihrem Gepäck bequem zu einer anderen Stelle bringen lassen.

❖ Zeichne und/oder schreibe in die leeren Felder, wo du außerdem ein Förderband gesehen hast!

Förderbänder werden über Rollen bewegt.

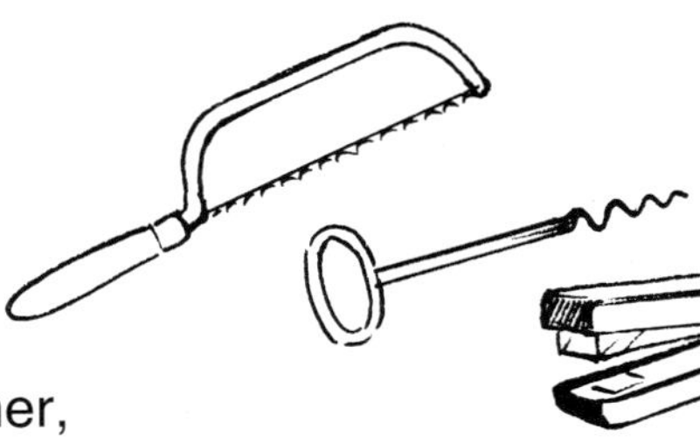

Ein einfaches Förderband kannst du selbst bauen: mit Holzbrettchen, mehreren Korken, einem Streifen Wachstuch, langen und kurzen Nägeln, Leim und einer großen Büroklammer, die du zu einer Kurbel biegen musst.
Du kannst auch anderes Material verwenden.

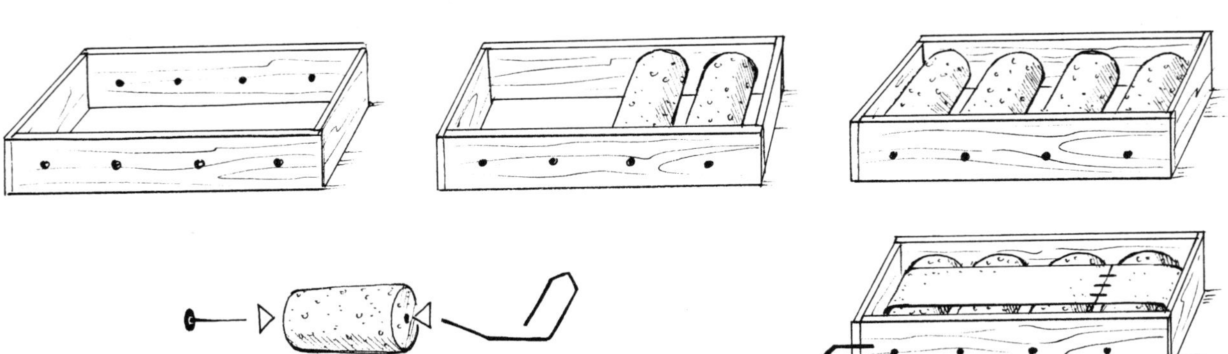

❖ Zeichne auf die Rückseite, wie dein Förderband aussieht!
❖ Schreibe deine Erfahrungen dazu (Wo gab es Schwierigkeiten? Was hast du herausgefunden?)!

Überlegungen und Anregungen zur Didaktik und Methode:

Tragfähige Grundlagen

Kenntnisse	Fertigkeiten / Fähigkeiten	Einstellungen / Haltungen	Bemerkungen
Die Kinder • lernen, Versuche mit Zahnrädern aufzubauen, • erfahren, dass das kleine Rad sich schneller dreht als das große, • erfahren, dass Zahnräder auch senkrecht und waagerecht arbeiten können, • erfahren, wo überall Zahnräder gebraucht werden, • erkennen die Bedeutung von Zahnrädern für den Bau von Maschinen, • machen eigene Erfahrungen mit einem bekannten Getriebe, • erkennen dass eine Uhr viele Zahnräder braucht, • erkennen, dass auch hier das Gesetz des längeren Weges und der Kraftersparnis gilt.	• stellen Zahnräder her, • bauen eigene Getriebe, • machen Versuche mit Zahnrädern, • setzen eigene Getriebe zusammen, • nehmen bekannte Getriebe auseinander, • nehmen ein Uhrwerk auseinander.	• machen eigene Erfahrungen mit technischen Problemen, • beobachten ihre Umwelt unter dem Aspekt des gelernten technischen Problems, • gewinnen Interesse an technischen Problemen, • entwickeln eigene Lösungen bei technischen Problemen.	Die Kinder können Zahnräder selbst herstellen oder aus Baukästen benutzen. Entscheidend ist, dass sie verschieden große Zahnräder zu einem Getriebe zusammenbauen und damit experimentieren. Dabei sollen sie erfahren, dass Zahnräder fast unentbehrlich sind, wenn es um Übertragung von Kraft und Sparen von Energie geht. Das Getriebe eines Fahrrades ist ein gutes Beispiel dafür. Die Kinder müssen das Getriebe nicht genau kennen und reparieren können. Es genügt, wenn sie wissen, wie viele Räder dort wirken, um das Fahren leichter zu machen. Die Richtlinien weisen ausdrücklich darauf hin, dass es wichtig ist, einfache Maschinen auseinanderzunehmen. Bei den Zahnrädern ist das gut zu machen.

Name	Datum			

Zahnräder und Getriebe herstellen

Material:

- runde Holzscheiben oder Deckel von Schraubgläsern in verschiedenen Größen
- Wellpappe
- Schere
- Klebstoff
- Wellpappe
- Hammer
- Bohrer
- mehrere Nägel
- Holzbrett, etwa 30 x 40 cm

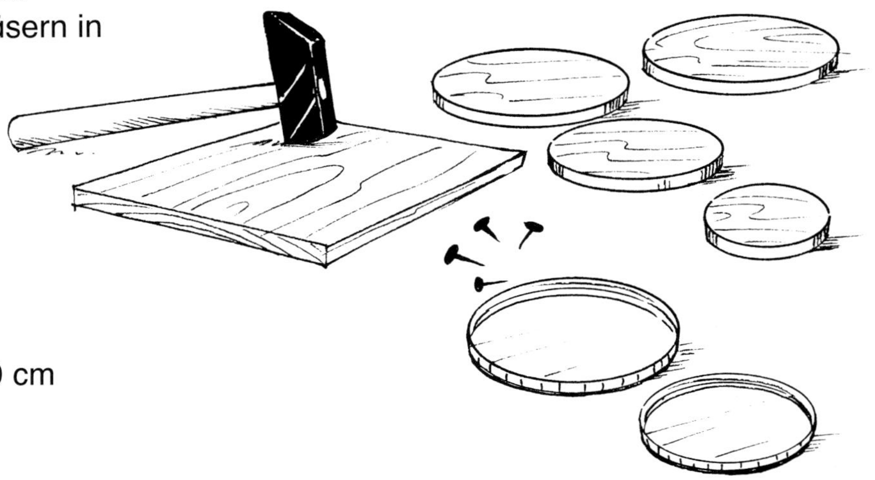

So wird es gemacht:

- in die Mitte der Holzscheiben oder Deckel ein Loch machen

- die Wellpappe in der Dicke der Holzscheiben oder Deckel in Streifen schneiden

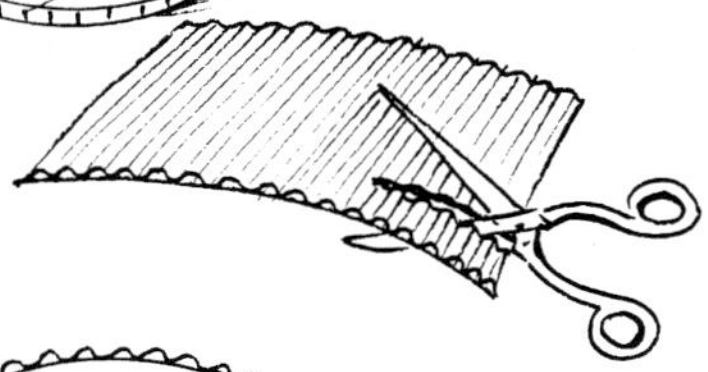

- die Streifen Wellpappe um die Scheiben oder Deckel kleben

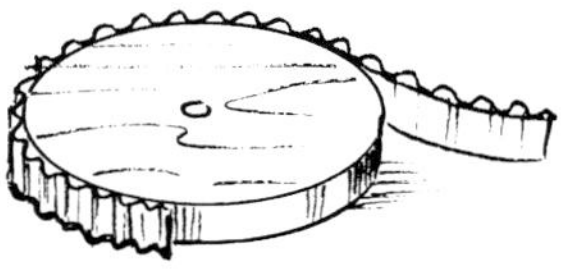

- die fertigen Zahnräder so auf einem Holzbrett anordnen und festnageln, dass die Zahnräder ineinandergreifen und sich drehen lassen.

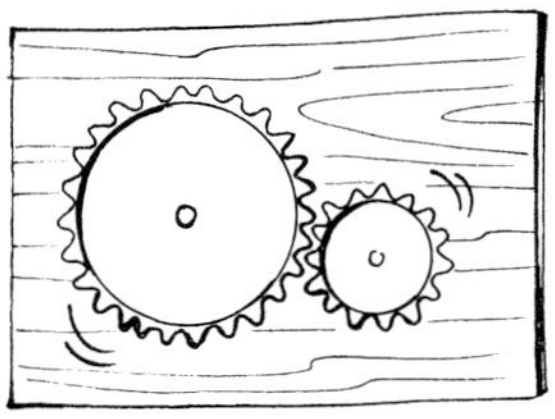

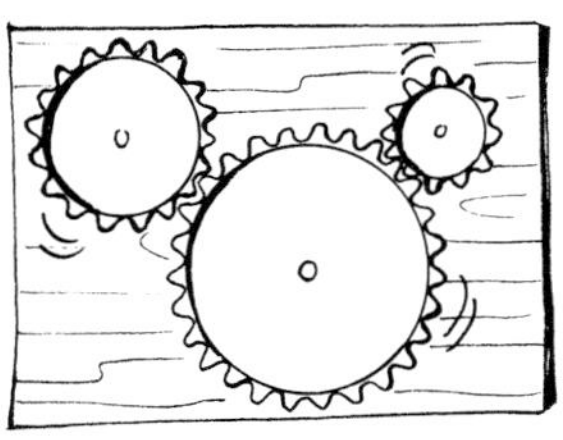

❖ Versuche, möglichst viele Zahnräder hintereinanderzusetzen, sodass die Räder noch ineinandergreifen!
❖ Wie viele Räder hast du geschafft?
❖ In welche Richtung drehen sich die Räder?

____

❖ Welche Räder drehen sich schneller?

____

Name	Datum	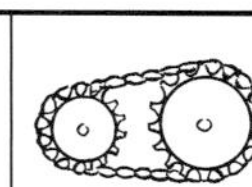		

Wenn ein Rad in das andere greift

Wenn ein Rad in das andere greift, spricht man von einem Getriebe.

❖ Baue aus den gebastelten Zahnrädern ein Getriebe mit einem großen und einem kleinen Zahnrad!

❖ Setze es in Gang und notiere die Beobachtungen!

In welche Richtung drehen sich die Räder?

Zeichne Pfeile ein!

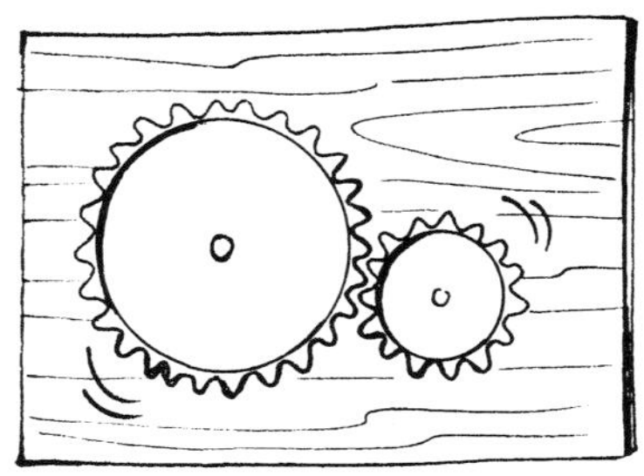

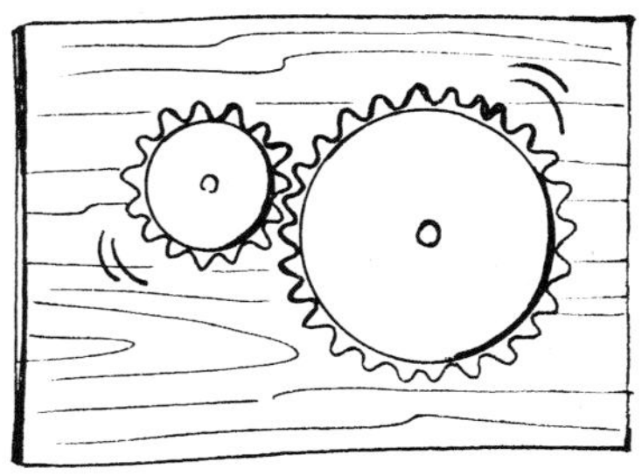

Anzahl der Zähne:

beim großen Zahnrad ☐ beim kleinen Zahnrad ☐

Anzahl der Umdrehungen:

großes Rad ☐ ☐ ☐ ☐ ☐ ☐ ☐ ☐ ☐ ☐

kleines Rad ☐ ☐ ☐ ☐ ☐ ☐ ☐ ☐ ☐ ☐

Erklärung:

Wenn ein ___ ___ ___ in ein anderes greift, sprechen wir von einem ___ ___ ___ ___ ___ ___ ___ ___ .

Mit so einem ___ ___ ___ ___ ___ ___ ___ ___ kann man die ___ ___ ___ ___ ___ und die

___ ___ ___ ___ ___ ___ ___ ___ ___ ___ ___ ___ ___ einer Maschine erhöhen, aber auch die

___ ___ ___ ___ ___ ___ ___ ___ einer Bewegung ändern.

Das kleine ___ ___ ___ dreht sich schneller als das große.

Wie bei einem ___ ___ ___ ___ ___ entwickelt das große Rad aber mehr ___ ___ ___ ___ ___ .

❖ Setze die fehlenden Begriffe in den Text ein!

Getriebe, Getriebe, Hebel, Kraft, Kraft, Rad, Rad, Richtung, Schnelligkeit

Versuche mit Zahnrädern

Von der Senkrechten in die Waagerechte und umgekehrt

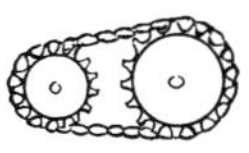

Material:

- zwei runde Kartoffelscheiben
- Zahnstocher
- zwei Nägel mit großem Kopf
- zwei Styroporplatten

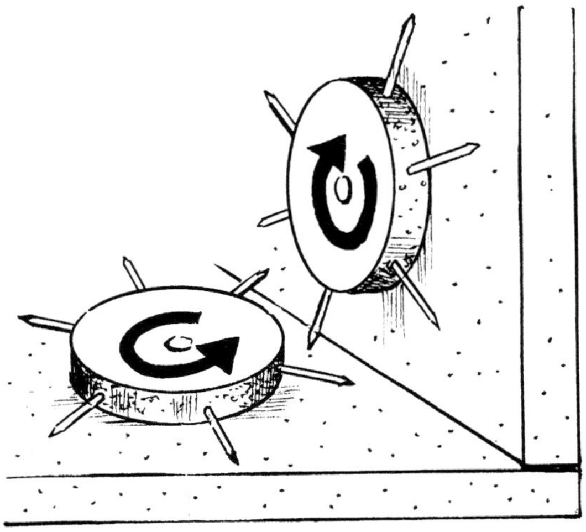

Frage:

Kann man mit Zahnrädern die Drehrichtung verändern?

Vermutung:

Das waagerechte Rad dreht sich nach ____________________ , dann dreht sich das senkrechte Rad nach ____________________ .

Das waagerechte Rad dreht sich nach ____________________ , dann dreht sich das senkrechte Rad nach ____________________ .

Durchführung:

- sechs Zahnstocher in die Seiten jeder Kartoffelscheibe stecken
- die Kartoffelscheiben mit einem Nagel durch die Mitte jeweils auf einer Styroporplatte befestigen
- eine Platte senkrecht stellen
- die zweite Platte waagerecht legen
- versuchen, mit dem Zahnrad das senkrechte Rad in Bewegung zu bringen

Beobachtung:

Das waagerechte Rad dreht sich nach ____________________ , dann dreht sich das senkrechte Rad nach ____________________ .

Das waagerechte Rad dreht sich nach ____________________ , dann dreht sich das senkrechte Rad nach ____________________ .

Vergleich: Vermutung und Beobachtung

Erklärung: ____

____

Name	Datum	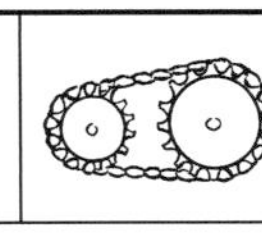		

Werden hier Zahnräder gebraucht?

1  ja B nein Z	2  ja O nein N	3  ja H nein H
4  ja R nein O	5  ja M nein E	6  ja N nein A
7  ja W nein S	8 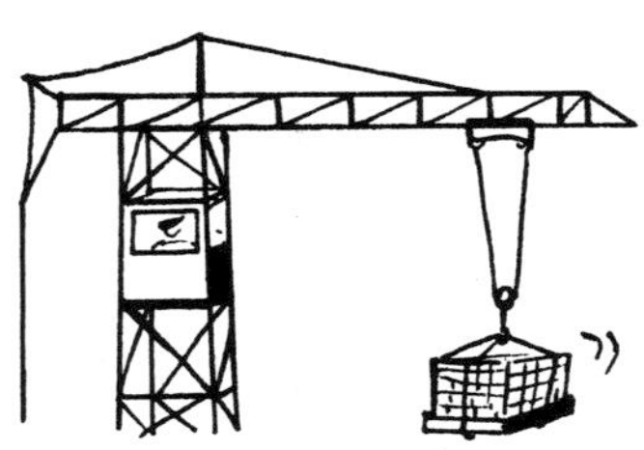 ja C nein E	9  ja H nein A
10  ja D nein I	11  ja N nein A	12  ja B nein E

❖ Kreuze die richtigen Antworten an!
Lösung:
Auch in der ☐☐☐☐☐☐☐☐☐☐☐☐ werden Zahnräder gebraucht.
1 2 3 4 5 6 7 8 9 10 11 12

❖ Wo kommen Zahnräder sonst noch zum Einsatz?
Schreibe oder zeichne auf die Rückseite des Blattes!

Name	Datum	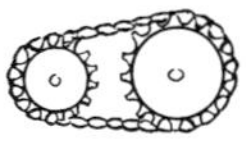		

Das Fahrrad, eine Maschine auf Rädern

Schon der Erfinder des Fahrrades erkannte, dass man sich mit dem Rad schneller bewegen kann. Er nannte seine Erfindung eine „Laufmaschine“. Aus der Laufmaschine ist eine Tretmaschine geworden, bei der fast alle Regeln und Gesetze der einfachen Maschinen zum Einsatz kommen.

1. Wo das Rad zum Einsatz kommt, kannst du leicht finden:

____

____

2. Wo findest du Zahnräder?

____

____

____

____

____

3. Wo kommt beim Rad der Hebel zum Einsatz?

____

____

____

____

____

____

4. Mit welcher Kraft wird das Fahrrad angetrieben?

____

5. Wie wird die Kraft übertragen?

____

____

____

6. Wie wird beim Fahrrad Strom erzeugt?

____

____

____

____

7. Wo tritt beim Fahrrad Reibung auf?

____

____

____

____

❖ Versuche, bei einem Fahrradhändler ein altes Getriebe zu bekommen!
❖ Nimm es auseinander und zähle die Zahnräder!

Name	Datum			

Die Rolltreppe

Eine Rolltreppe besteht aus vielen einzelnen Stufen, die aneinandergefügt und an einer starken Kette befestigt sind. Jede Stufe hat unten kleine Rädchen.

Die Rolltreppe funktioniert ähnlich wie ein Föderband. Ein Elektromotor dreht ein Zahnrad, dessen Zähne nacheinander in die Kettenglieder greifen. So wird die Kette mit den Treppenstufen gleichmäßig über schräge Schienen hinaufgezogen. Oben laufen die Stufen über ein weiteres Zahnrad, werden dabei gekippt und laufen unter der Treppe wieder zurück, um dann wieder als Stufen hinaufgezogen zu werden. Am Anfang und am Ende der Treppe sind einige flache Stufen, um das Begehen und Verlassen der Treppe ungefährlicher zu machen.
In gleicher Weise wird auch das Geländer bewegt. Es ist ein Band, das gleichzeitig mit den Stufen mitläuft.

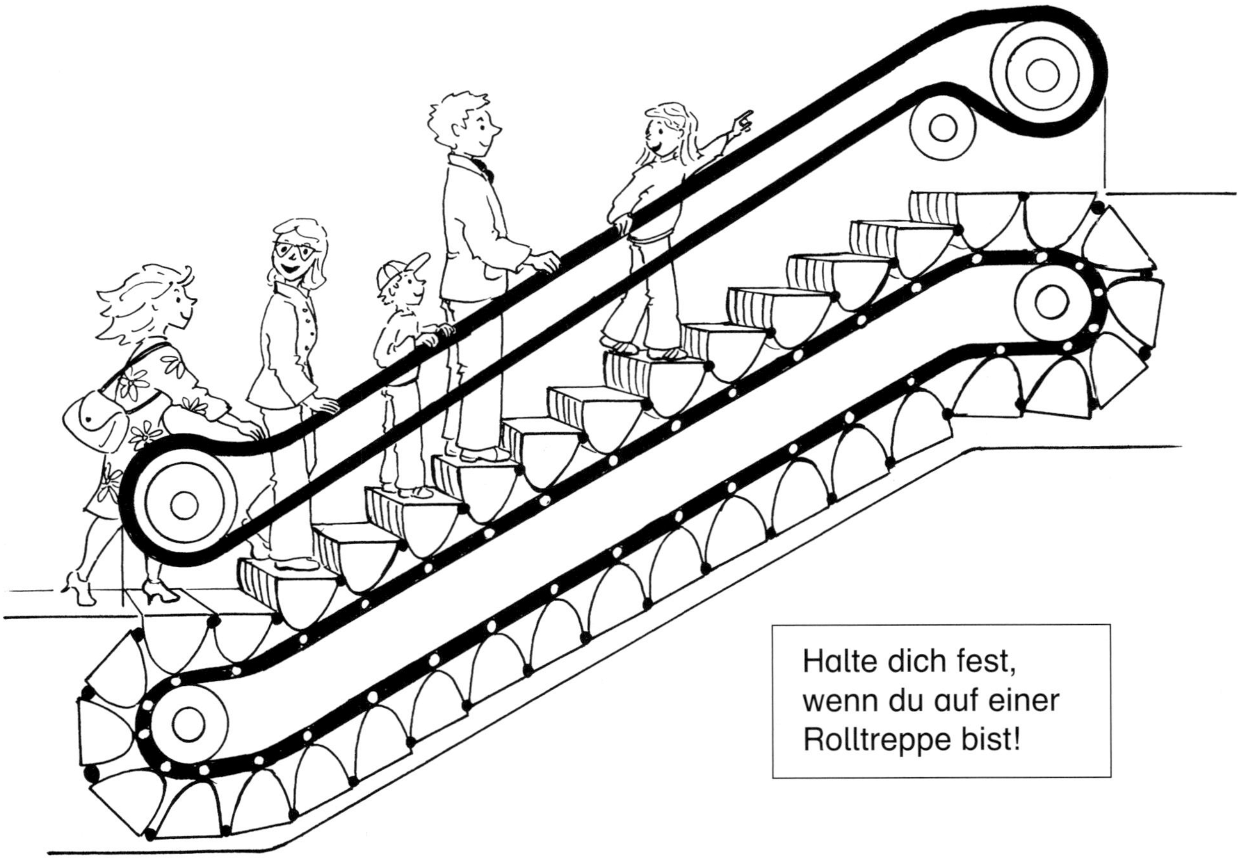

Halte dich fest, wenn du auf einer Rolltreppe bist!

- ❖ Male alle Räder, die die Treppenstufen und das Geländer bewegen, rot aus.
- ❖ Zeichne auf die Rückseite des Blattes, wie eine Rolltreppe läuft, die nach unten führt!
- ❖ Überlege und schreibe auf, warum es sehr gefährlich ist, wenn sich Teile der Kleidung in der Rolltreppe verfangen!

____

____

Name	Datum			

Die kleine Welt der Zahnräder

❖ Was meinst du, wie viele Zahnräder eine Uhr hat? Schätze: [ ]

❖ Vielleicht hast du eine alte Uhr zu Hause, die nicht mehr funktioniert. Nimm sie auseinander und klebe die Zahnräder einzeln auf!

Das Innere einer _ _ _ kann man auch als ein _ _ _ _ _ _ _ _ _ _ _ bezeichnen. Ganz gleich, ob es sich um eine kleine _ _ _ _ _ _ _ _ _ _ _ _ oder um eine große _ _ _ _ _ _ _ _ _ handelt, ohne die _ _ _ _ _ _ _ _ läuft sie nicht. Das Uhrwerk besteht aus vielen _ _ _ _ _ _ _ _ _ _ _ _, die ineinandergreifen. Durch ein _ _ _ _ _ _ _ _ _ _ _ _ _ wird die Bewegung auf die Zeiger übertragen. Alle _ _ _ _ _ _ _ _ _ _ sind genau aufeinander abgestimmt. Wie _ _ _ _ jedes Rädchen gezahnt ist und wie genau es in die _ _ _ _ _ des anderen greift, siehst du, wenn du eine alte Uhr auseinandernimmst.

❖ Setze die fehlenden Begriffe in den Text ein!

> *Antriebsrad, Armbanduhr, fein, Rädchen, Räderwerk, Standuhr, Uhr, Zahnrädern Zahnräder, Zähne*

4 Kräfte und Bewegung: Kräfte

Überlegungen und Anregungen zur Didaktik und Methode:

Tragfähige Grundlagen

Kenntnisse	Fertigkeiten/ Fähigkeiten	Einstellungen/ Haltungen	Bemerkungen
Die Kinder • werden sich bewusst, dass sie Kraft ausüben können, • erfahren, dass sie bei jeder Tätigkeit Kraft ausüben, • erfahren, dass überall Kräfte am Werk sind, • wissen, welche Kräfte in der Umgebung wirksam werden, • erfahren, dass Kräfte unterschiedlich wirken können, • lernen unterschiedliche Kräfte kennen, • erfahren, dass ein Gummiband Bewegung auslösen kann, • erfahren, dass es ohne Kraft keine Bewegung gibt, • können die Fragen beantworten.	• beobachten ihr eigenes Tun und sammeln Tätigkeiten, bei denen sie ihre Körperkraft einsetzen müssen, • üben, einem Bild Informationen zu entnehmen, • lernen, Kräfte auf ihre Wirkung hin einzuschätzen, • lernen, Bilder zu ordnen und zu beschriften, • lernen, noch andere Kräfte einzuschätzen und zu beschreiben, • basteln eine rollende Dose, • basteln eine kriechende Garnrolle, • lernen, den Texten Informationen zu entnehmen, • lernen, einen Test zu bearbeiten.	• werden sich ihrer eigenen Kräfte bewusst, • lernen einzuschätzen, was sie mit ihren Kräften tun können, • lernen, mit ihren Kräften verantwortlich umzugehen, • beobachten die Umwelt unter dem Aspekt der Kräfte, die in ihr wirksam sind, • erfahren, dass die Kräfte unterschiedlich wirken können, • werden sich der nützlichen und schädlichen Wirksamkeit der Kräfte bewusst, • lernen, sich der Überprüfung des eigenen Wissens zu stellen.	Es geht in dieser Einheit darum, den Kindern bewusst zu machen, dass überall Kräfte am Werk sind, dass nichts geschieht, ohne dass irgendwelche Kräfte sich auswirken. Das geht am besten, indem man sie die eigenen Körperkräfte entdecken lässt. Erst dann können sie auf die Suche nach den Kräften gehen, die in der Umwelt wirksam sind. Sie werden schon bald merken, dass überall, wo Bewegung ist, auch eine Kraft wirksam ist. Es ist die Grundfrage der Technik überhaupt, welche Kräfte wann, wo und wie wirksam werden sollen. Es lohnt sich aber auch, auf die stillen Kräfte in der Natur zum Beispiel einzugehen. Die Kraft zum Wachsen dürfte den Kindern nicht fremd sein.

Name	Datum			

Mit Körperkraft

Versuche, mit der Hand einen Nagel in ein Stück Holz zu schlagen. Das geht nicht. Es geht auch nicht mit einem Buch oder einem Stück Stoff.
Du benötigst viel mehr Kraft.
Mit einem Hammer geht es ganz einfach.
Du kannst mit der Hand richtig ausholen und die ganze Schwere des Hammers trifft den Nagel. Die Kraft wirkt auf den Nagel und treibt ihn in das Holz.

❖ Schreibe auf, wo du deine Körperkraft einsetzt!

 KOPIERVORLAGE

Name	Datum			

Wie Kräfte wirken

Kräfte können verformen, zerstören oder bewegen.

 er	 d	 n
 w	 Wi	 t
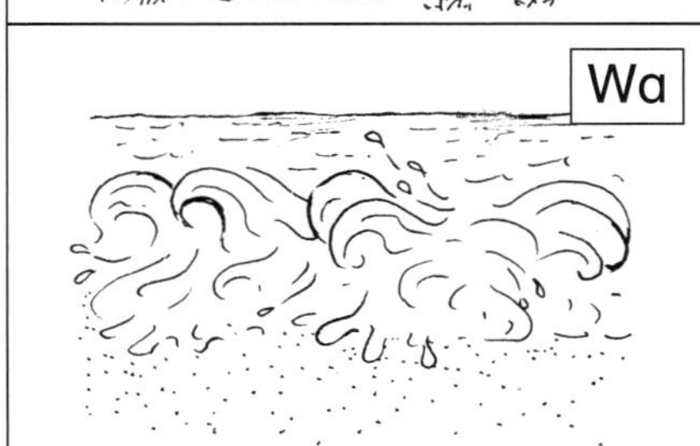 Wa	 ss	 er
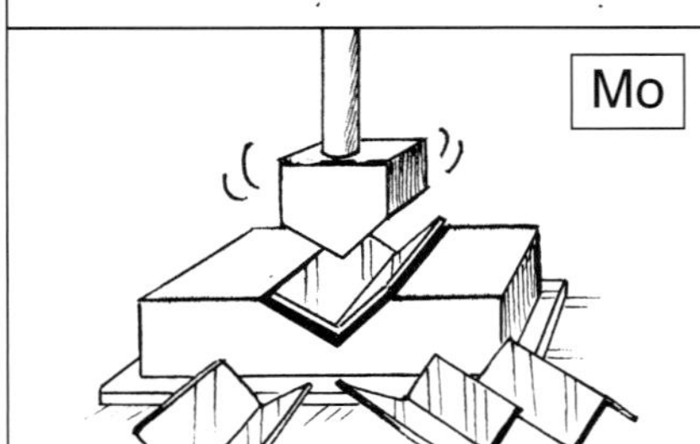 Mo	 Kör	 er
 p	 Sch	 or

❖ Die Silben und Buchstaben der Abbildungen ergeben die Namen der Kräfte, die wirksam sind.
Immer drei Abbildungen gehören zusammen.

_ _	_ _	_ _	kraft

_ _	_	_ _	kraft

_ _	_	_	kraft

_ _ _	_	_ _	kraft

_ _ _	_	_ _	kraft

❖ Schneide die Bilder aus, ordne sie und klebe sie in dein Heft!

Name	Datum			

Es gibt noch andere Kräfte

❖ Schreibe auf, wo und wie diese Kräfte wirken!

Hydraulik

____

____

____

Atomkraft

____

____

____

Sonnenkraft

____

____

____

Magnetkraft

____

____

____

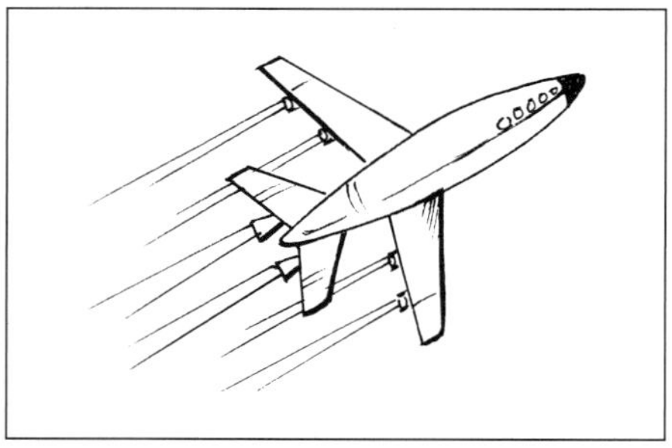

Schubkraft

____

____

____

❖ Kennst du noch andere Kräfte? Schreibe auf, was du über sie weißt!

Name	Datum			

Die Gummibanddose

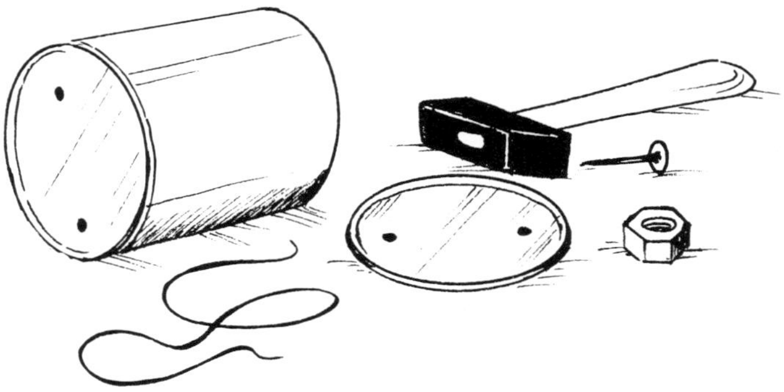

Material:

- eine große Dose mit Deckel
- Hammer und Nägel
- elastisches Band
- ein Gewicht
- Faden

So wird es gemacht:

- mit Hammer und Nagel zwei Löcher in den Deckel und in den Boden schlagen
- das elastische Band so durch die Löcher ziehen, dass es sich in der Mitte der Dose überkreuzt
- die beiden Enden über dem Deckel verknüpfen
- das Gewicht im Innern der Dose dort, wo sich das elastische Band überschneidet, befestigen
- den Deckel auflegen
- die Dose vorsichtig über den Boden rollen und dann loslassen

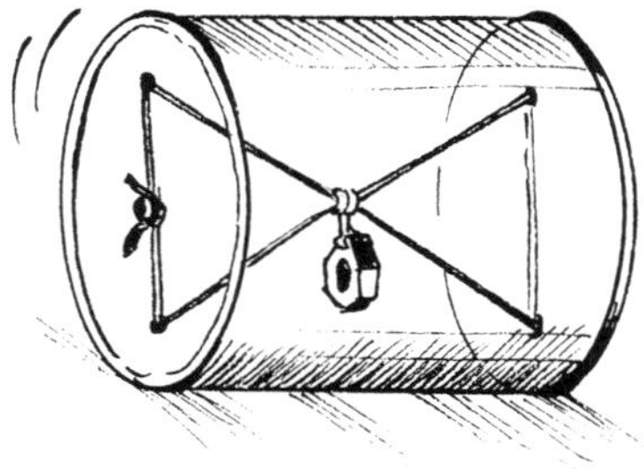

Die kriechende Garnrolle

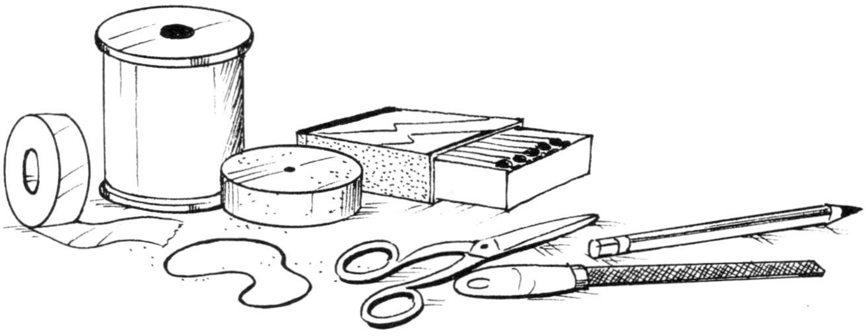

Material:

- eine Garnrolle
- Kerze
- ein kurzes Gummiband
- Zündhölzer
- Klebeband
- Bleistift, Schere, Feile

So wird es gemacht:

- von der Kerze eine etwa 1 cm dicke Scheibe abschneiden, in der Mitte (dort, wo der Docht war) ein Loch bohren und auf einer Seite der Wachsscheibe eine Rille machen
- mit einer Feile in eine Seite des Garnröllchens eine Rille machen
- das Gummiband durch die Garnrolle ziehen
- ein halbes Zündholz durch die Schlaufe des Gummis ziehen, in die Rille des Garnröllchens legen und mit Klebeband befestigen
- die andere Schlaufe durch die Wachsscheibe ziehen und ein Zündholz durch die Schlaufe des Gummis stecken
- das Zündholz solange drehen, bis es in die Rille der Wachsscheibe rutscht
- das Spielzeug auf der Tischplatte loslassen

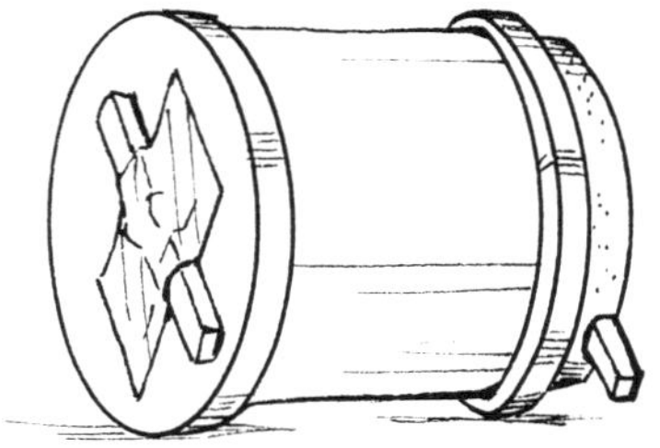

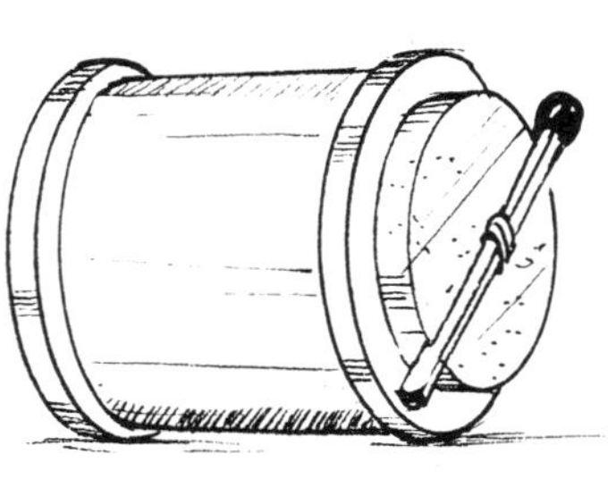

Name | Datum

Ohne Kraft keine Bewegung (1)

❖ Schneide die Textkarten aus und ordne sie den Abbildungen zu!
❖ Klebe die Textkärtchen auf!

Wasserkraft
Die ersten Wasserräder wurden im alten Ägypten zum Schöpfen von Wasser gebaut. Später nutzte man bei uns Wasserräder zum Antrieb von Mühlen, Säge- und Hammerwerken. Heute werden mit Wasserkraft Turbinen angetrieben, um Strom zu gewinnen.
D

Windkraft
Um 4000 v. Chr. wurde die Windkraft erstmals zum Antrieb von Schiffen genutzt. Windmühlen kamen in Europa erst im 12. Jahrhundert auf. Sie besitzen immerhin die Kraft von 25 Pferden.
Heute setzen wir Windräder zur Gewinnung elektrischer Energie ein.
N

Muskelkraft von Tieren
Nachdem es gelungen war, wilde Tiere an das Haus zu gewöhnen, machte man sich die tierische Muskelkraft zu Nutzen. Man spannte die Ochsen vor den Pflug und vor den Wagen. Pferde, Kamele und Elefanten wurden als Zug- und Tragtiere eingesetzt. Noch heute reden wir bei der Berechnung der Kraft von PS, das heißt Pferdestärke.
I

Muskelkraft von Menschen
In frühester Zeit mussten die Menschen ihre Muskelkraft einsetzen, um etwas zu tragen oder zu bewegen. Mit Muskelkraft schleppten sie die erlegten Tiere in ihre Behausung. Mit Muskelkraft wurden Schiffe über die Meere und Flüsse gerudert. Viele große Bauwerke sind auch durch Muskelkraft entstanden.
W

Name	Datum			

Ohne Kraft keine Bewegung (2)

			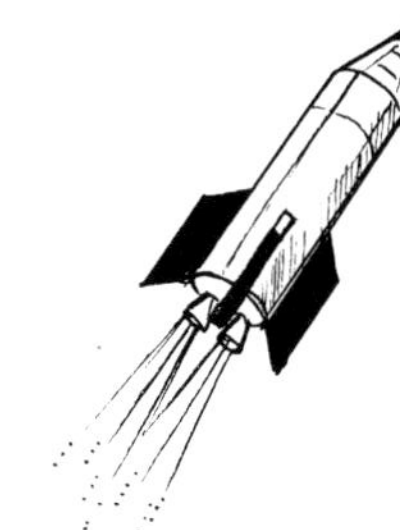

❖ Schneide die Textkarten aus und ordne sie den Abbildungen zu!
❖ Klebe die Textkärtchen auf!

Verbrennungsmotoren
Der Verbrennungsmotoren verdrängten die Dampfmaschine. Sie sind kleiner, leichter zu bedienen und entwickeln große Kräfte, mit denen hohe Geschwindigkeiten erreicht werden können.
Überlege, was alles mit solchen Motoren angetrieben wird!

SCHWIN

Schubkraft
Für besonders hohe Geschwindigkeiten wird heute die Schubkraft von Raketen und Düsentriebwerken genutzt. Flugzeuge mit Düsenantrieb erreichen eine Geschwindigkeit von 3200 Kilometern in der Stunde. Die Schubkraft von Raketen wird genutzt, um Satelliten und Raumschiffe ins Weltall zu bringen.

KEIT

Dampfkraft
Nachdem man gelernt hatte, die Kraft des Wasserdampfes zu nutzen, begann das Zeitalter der Maschinen. Dampfmaschinen trieben zunächst Pumpen in den Bergwerken an. Später wurden sie auch zum Antrieb anderer Maschinen genutzt. Lokomotiven und Schiffe wurden mit Dampfkraft angetrieben.

GE

Elektromotoren
Mit dem elektrischen Strom kam der Elektromotor. Er hat unser Leben nachhaltig verändert. Haushaltsgeräte, vom Staubsauger bis zur elektrischen Zahnbürste, werden mit Elektromotoren angetrieben. Eine Elektrolok zieht mehr als eine Dampflok. Fahrstühle, Transportbänder und Kräne sind mit Elektromotoren ausgestattet.

DIG

Name	Datum			

Was weißt du von den Kräften?

❖ Kreuze an! Manchmal sind auch mehrere Antworten richtig.

1. Welche Kraft wird beim Radfahren eingesetzt?
- A Atomkraft
- B Körperkraft
- C Schubkraft
- D Sehkraft

2. Welche Kräfte kommen beim Bau eines Hauses zum Einsatz?
- G Windkraft
- E Motorkraft
- W Muskelkraft
- F Wasserkraft

3. Welche Kraft reißt im Herbst die Blätter von den Bäumen?
- U Wasserkraft
- B die Hilfskraft
- C Sonnenkraft
- E Windkraft

4. Welche Kräfte wirken, wenn ein Apfel vom Baum fällt?
- V die Aushilfskraft
- K Heizkraft
- G Schwerkraft
- U Windkraft

5. Welche Kräfte bedeuten eine große Gefahr für die Menschen an der Küste?
- N Windkraft
- G Wasserkraft
- C Atomkraft
- H Pferdestärke

6. Auf welche Kraft waren die Menschen in frühester Zeit angewiesen?
- C Stromstärke
- B Muskelkraft
- T Schreibkraft
- D Putzkraft

7. Wozu nutzen wir die Windkraft?
- A zum Autofahren
- R zur Gewinnung von elektrischer Energie
- A zum Antrieb beim Wassersport
- K zum Lüften

8. Wozu wurde die Windkraft früher genutzt?
- F zur Kühlung der Häuser
- U zum Antreiben von Segelschiffen
- L zum Ernten der Früchte
- C zum Antreiben von Windmühlen

9. Wozu wurde die Dampfkraft genutzt?
- G zum Antreiben von Straßenbahnen
- H zum Antreiben von Lokomotiven
- E zum Erhitzen von Eisen
- Z als Antrieb für Autos

10. Warum hat der Elektromotor unser Leben verändert?
- D weil er gut aussieht
- T weil er überall eingesetzt werden kann
- K weil er in viele Geräte eingebaut worden ist
- A weil er kein Benzin braucht

11. Wo wird die Schubkraft eingesetzt?
- R bei Raketen
- G bei Schubkarren
- L bei Rennwagen
- A bei Düsenflugzeugen

12. Welche Kräfte sind umweltfreundlich?
- H Atomkraft
- F Windkraft
- T Wasserkraft
- A Spannkraft

Lösungssatz: ☐☐☐☐☐☐☐☐ ☐☐☐☐☐☐☐ ☐☐☐☐☐

4 Kräfte und Bewegung: Reibung

Überlegungen und Anregungen zur Didaktik und Methode:

Tragfähige Grundlagen			
Kenntnisse	**Fertigkeiten / Fähigkeiten**	**Einstellungen / Haltungen**	**Bemerkungen**
Versuche zur Reibung (1) – Was rutscht? Was rutscht nicht? S. 86 Versuche zur Reibung (2) – Die Reibung verändern S. 87 Viel oder wenig Reibung? S. 88 Wenn die Reibung verändert wird S. 89			
Die Kinder • erfahren, dass es eine Kraft gibt, die die Bewegung behindert, • erfahren, dass es Stoffe mit geringer Reibung gibt, • erfahren, dass es Stoffe mit starker Reibung gibt, • erfahren, dass die Reibung verändert werden kann, • erfahren, dass das Problem der Reibung überall im Alltag auftauchen kann.	• führen Versuche durch und notieren ihre Beobachtungen, • vergleichen ihre Vermutungen und Beobachtungen, • sprechen über ihre Erfahrungen, • finden Erklärungen für ihre Beobachtungen, • wenden ihre Erkenntnisse in Alltagssituationen an.	• machen eigene Erfahrungen mit technischen Problemen, • beobachten ihre Umwelt unter dem Aspekt des gelernten technischen Problems, • gewinnen Interesse an technischen Problemen, • entwickeln eigene Lösungen bei technischen Problemen.	Die Reibung ist eine Erscheinung, die wir überall beobachten können. Vielleicht ist es möglich, mit einer einfachen Situation, z. B.: „Warum musst du dein Fahrrad ölen?“, in die Problematik einzusteigen. Dann sollten die Kinder aber die Versuche durchführen, um näher an das Problem heranzukommen. Bei der Seite „Viel oder wenig Reibung?“ können wieder bekannte Situationen aufgegriffen werden. Vielleicht ist es auch möglich, die Kinder erst einmal nach solchen Anwendungssituationen suchen zu lassen.
Wer bringt die Knete in Bewegung? S. 90 Möglichst wenig Reibung S. 91 Wenn die Achse in Kugeln gelagert ist S. 92			
Die Kinder • erfahren, dass die Reibung durch die Veränderung der Auflagefläche verringert werden kann, • erfahren, dass die Reibung kleiner wird, wenn die Reibungsflächen verringert werden.	• führen selbstständig Versuche durch und beschreiben ihr Vorgehen, • formulieren die Ergebnisse, • schreiben auf, wo sich überall Kugellager befinden.	• gewinnen Sicherheit im Anwenden von gelernten Regeln und Gesetzen.	Hier handelt es sich um einen Sonderfall der Reibung, der vor allem bei Maschinen zur Anwendung kommt. Mit der Aufgabenstellung, die Knete zum Rollen zu bringen, sollen die Kinder der Entwicklung nachgehen und vielleicht zu einem „Aha“-Erlebnis kommen.
Was hat das mit Reibung zu tun? S. 93			
Die Kinder • erfahren, wo es überall um Reibung geht.	• überprüfen ihr Wissen, indem sie die Fragen beantworten.		Diese Seite kann auch als Test dienen, wie weit die Kinder in der Lage und bereit sind, ihre Erkenntnisse anzuwenden und zu übertragen.

Versuche zur Reibung (1)

Was rutscht? Was rutscht nicht?

Material:

- Holzbrett, Metalltablett
- Zündholzschachtel, Stein, Holzstück, Radiergummi, Eiswürfel
- mehrere Holzklötzchen

Frage: Was rutscht? Was rutscht nicht?

Vermutung:

- zuerst die Vermutungen in der Tabelle ankreuzen

Durchführung:

- die Gegenstände der Reihe nach auf das Brett legen
- mit den Holzklötzchen die Höhen verändern
- den gleichen Versuch mit einem Metalltablett durchführen
- Beobachtung ankreuzen

Beobachtung:

Gegenstand rutscht bei der Höhe von	Zündholzschachtel				Stein				Holzklötzchen				Radiergummi				Eiswürfel			
	Vermutung		Beobachtung		Vermutung		Beobachtung		Vermutung		Beobachtung		Vermutung		Beobachtung		Vermutung		Beobachtung	
einem Klötzchen Holz	nein	ja	nein	ja	nein	ja	nein	ja	nein	ja	nein	ja	nein	ja	nein	ja	nein	ja	nein	ja
Metall	nein	ja	nein	ja	nein	ja	nein	ja	nein	ja	nein	ja	nein	ja	nein	ja	nein	ja	nein	ja
zwei Klötzchen Holz	nein	ja	nein	ja	nein	ja	nein	ja	nein	ja	nein	ja	nein	ja	nein	ja	nein	ja	nein	ja
Metall	nein	ja	nein	ja	nein	ja	nein	ja	nein	ja	nein	ja	nein	ja	nein	ja	nein	ja	nein	ja
drei Klötzchen Holz	nein	ja	nein	ja	nein	ja	nein	ja	nein	ja	nein	ja	nein	ja	nein	ja	nein	ja	nein	ja
Metall	nein	ja	nein	ja	nein	ja	nein	ja	nein	ja	nein	ja	nein	ja	nein	ja	nein	ja	nein	ja
vier Klötzchen Holz	nein	ja	nein	ja	nein	ja	nein	ja	nein	ja	nein	ja	nein	ja	nein	ja	nein	ja	nein	ja
Metall	nein	ja	nein	ja	nein	ja	nein	ja	nein	ja	nein	ja	nein	ja	nein	ja	nein	ja	nein	ja

Vergleich: Vermutungen und Beobachtungen

Erklärung: Wenn sich eine _ _ _ _ _ _ _ auf einer anderen _ _ _ _ _ _ _, tritt eine _ _ _ _ _ auf. Diese Kraft nennen wir _ _ _ _ _ _ _ _. Durch die Reibung wird die _ _ _ _ _ _ _ _ behindert. Es gibt Stoffe mit geringer und stärkerer Reibung. Das Problem der Reibung entsteht bei jeder _ _ _ _ _ _ _ _.

❖ Setze die fehlenden Wörter in den Text ein!

Bewegung, bewegt, Fläche, Kraft, Maschine, Reibung

Versuche zur Reibung (2)
Die Reibung verändern

Material:

- Metalltablett
- kleine viereckige Flasche
- Holzklötzchen
- Wasser, Seife, Öl oder Fett

Frage: Wie kann man die Reibung verringern?

Vermutungen:

Gegenstand rutscht bei der Höhe von	einem Klötzchen		zwei Klötzchen		drei Klötzchen		vier Klötzchen		fünf Klötzchen	
	nein	ja	nein	ja	nein	ja	nein	ja	nein	ja
unbehandelte Fläche										
feuchte Fläche										
eingeseifte Fläche										
eingeölte Fläche										

Durchführung:

- das Tablett mithilfe der Holzklötzchen schräg stellen
- mit den Holzklötzchen die Höhen verändern
- Flasche auf das Tablett legen
- Rutschfläche mit Wasser, Seife, Öl verändern

Vergleich: Vermutungen und Beobachtungen

Beobachtung:

Gegenstand rutscht bei der Höhe von	einem Klötzchen		zwei Klötzchen		drei Klötzchen		vier Klötzchen		fünf Klötzchen	
	nein	ja	nein	ja	nein	ja	nein	ja	nein	ja
einfache Fläche										
feuchte Fläche										
eingeseifte Fläche										
eingeölte Fläche										

Erklärung: _ _ _ _ Stellen _ _ _ _ _ _ _ _ _ _ das _ _ _ _ _ _ _ _ . Wasser, _ _ _ _ _ _ _ _ _ _ _ oder Öl _ _ _ _ _ _ diese Stellen auf und bewirken, dass die Reibung _ _ _ _ _ _ _ _ wird.

❖ Setze die fehlenden Wörter in den Text ein!

füllen, geringer, raue, Rutschen, Seifenlauge, verhindern

Name	**Datum**			

Viel oder wenig Reibung?

1

viel Reibung R
wenig Reibung T

2

viel Reibung R
wenig Reibung U

3

viel Reibung T
wenig Reibung E

4

viel Reibung S
wenig Reibung A

5

viel Reibung G
wenig Reibung C

6

viel Reibung W
wenig Reibung H

7

viel Reibung G
wenig Reibung R

8

viel Reibung E
wenig Reibung D

9

viel Reibung E
wenig Reibung F

10

viel Reibung N
wenig Reibung A

11

viel Reibung I
wenig Reibung H

12

viel Reibung K
wenig Reibung R

❖ Kreuze an, was du meinst!
Lösung:
Bei glatter Fläche besteht _ _ _ _ _ _ _ _ _ _ _ _ !
(1 2 3 4 5 6 7 8 9 10 11 12)

❖ Sprich mit einem Partner über deine Entscheidungen!
❖ Suche weitere Beispiele! Schreibe oder zeichne sie auf die Rückseite des Blattes!

Name	Datum			

Wenn die Reibung verändert wird

- Schau dir die Abbildungen an!
- Sprecht in der Gruppe darüber!
- Schreibe auf, wie die Reibung verändert wird, ob mehr oder weniger Reibung erwünscht ist!

- Suche weitere Situationen, wo die Reibung verändert wird!
- Schreibe oder zeichne sie auf die Rückseite des Blattes!

Name	Datum			

Wer bringt die Knete in Bewegung?

Material:

- kleines Stück Knete
- einige Bücher als Auflage
- ein Brett
- Zeitungspapier zum Abdecken

❖ Bringe die Knete in Bewegung!
❖ Zeichne und beschreibe, was du gemacht hast!

1. Versuch

2. Versuch

3. Versuch

❖ Hast du eine Erklärung dafür?

Name	Datum			

Möglichst wenig Reibung

Material:

- ein Brettchen
- ein kleiner Nagel
- Gummiband
- ein Lineal oder Maßband
- mehrere runde Bleistifte
- mehrere gleich große Kugeln
- ein dickes Stück Knete

1. Versuch:

- in das Brett einen kleinen Nagel schlagen
- das Gummiband um den Nagel legen
- die Knete auf das Brett legen
- ziehen

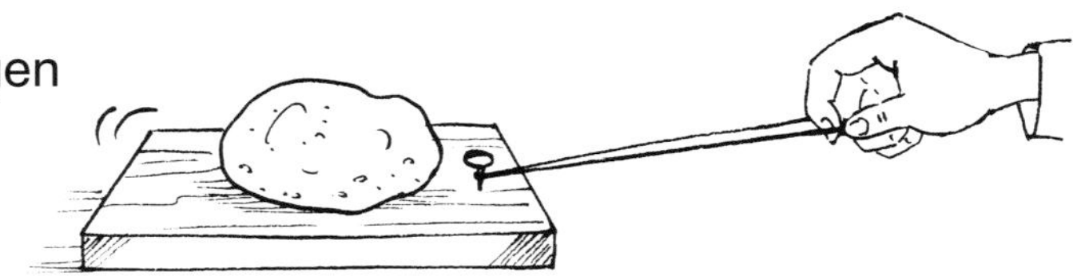

Beobachtung:

Das Gummi wird ______ cm lang, bis sich das Brett in Bewegung setzt.
Reibung: viel ☐ wenig ☐

2. Versuch:

- runde Bleistifte unter das Brett legen
- ziehen

Beobachtung:

Das Gummi wird ______ cm lang, bis sich das Brett in Bewegung setzt.
Reibung: viel ☐ weniger ☐ wenig ☐

3. Versuch:

- Kugeln unter das Brett legen
- ziehen

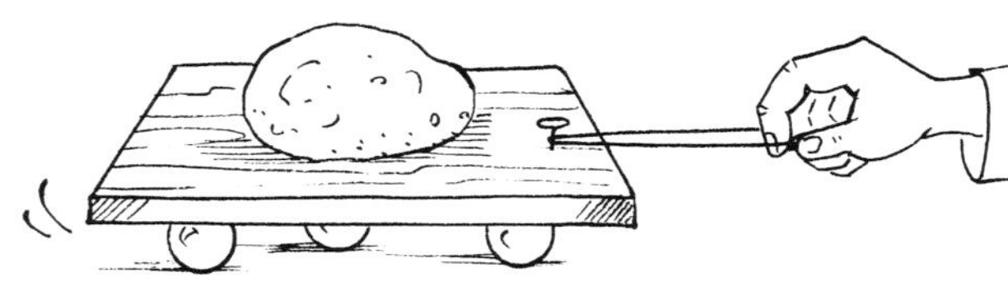

Beobachtung:

Das Gummi wird ______ cm lang, bis sich das Brett in Bewegung setzt.
Reibung: viel ☐ weniger ☐ wenig ☐

Ergebnis:

Bei den _ _ _ _ _ _ tritt die geringste _ _ _ _ _ _ _ auf. Diese

_ _ _ _ _ _ _ _ _ _ findet überall dort Anwendung, wo die Reibung

_ _ _ _ _ _ _ _ _ _ und _ _ _ _ _ gespart werden soll.

❖ Setze die fehlenden Wörter in den Text ein!

Erkenntnis, Kraft, Kugeln, Reibung, verringert

Name	Datum			

Wenn die Achse in Kugeln gelagert wird

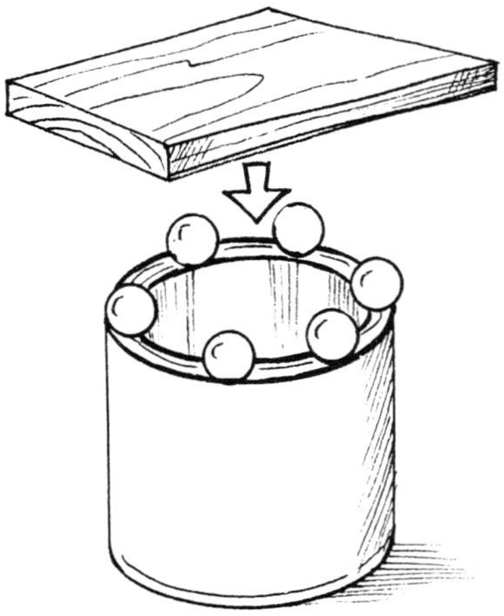

Ein Versuch kann zeigen, was dann geschieht.

Material:

- Dose mit doppeltem Rand
- Murmeln
- ein Stück Holz oder ein Buch

1. Versuch:

- das Stück Holz auf die Dose legen und drehen

2. Versuch:

- die Murmeln auf den Rand verteilen
- das Stück Holz vorsichtig darauf legen und drehen

Erklärung:

Die _ _ _ _ _ _ vermindern die _ _ _ _ _ _ _ zwischen dem Stück

_ _ _ _ und der _ _ _ _ . So kann sich das Brett _ _ _ _ _ _ um die

eigene _ _ _ _ _ drehen.

❖ Setze die fehlenden Wörter in den Text ein!

Achse, Dose, Holz, Kugeln, leicht, Reibung

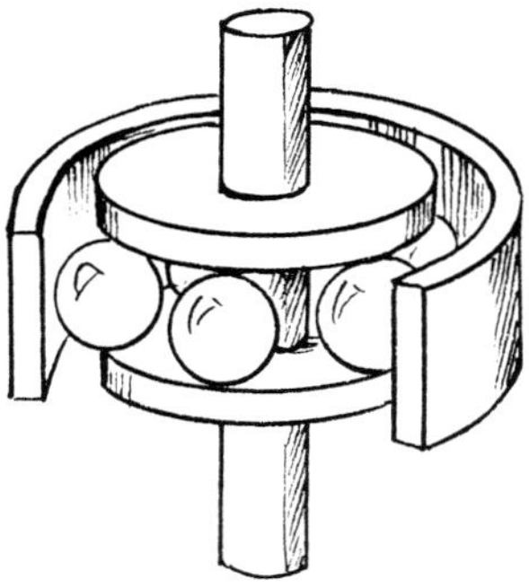

Überall, wo sich Räder an einer Achse schnell drehen, sind Kugellager eingebaut. Sie sollen helfen, die Reibung zu vermindern.

❖ Informiere dich (Befragung, Internet, Bücher ...), wo Kugellager eingesetzt werden und die Reibung vermindern!

❖ Schreibe und zeichne auf, was du herausgefunden hast! (Benutze zum Zeichnen die Rückseite des Blattes!)

Name	Datum			

Was hat das mit Reibung zu tun?

❖ Kreuze an! Manchmal sind auch mehrere Antworten richtig.

1. Kegelbahnen haben eine polierte Oberfläche,
- M damit es besser aussieht
- D weil sie sich dann besser putzen lassen
- V damit die Reibung geringer ist
- O damit die Kugel nicht abgelenkt wird

2. Der Torwart einer Fußballmannschaft trägt dicke Handschuhe,
- A damit er sich die Hände nicht verletzt
- H damit seine Hände größer sind
- R damit der Ball ihm nicht durch die Hände rutscht
- S um die Reibung zu erhöhen

3. Der Rumpf eines schnellen Bootes wird glatt poliert,
- I damit die Reibung nicht so stark ist
- S damit es schöner aussieht
- T damit man es besser pflegen kann
- C damit es schneller wird

4. Skiläufer wachsen ihre Skier
- A damit sie wasserdicht sind
- H damit sie besser gleiten
- T damit die Reibung vermindert wird
- S damit keine Schrammen an die Skier kommen

5. Das Fahrrad wird an seinen beweglichen Teilen geölt,
- O damit es nicht rostet
- B damit die Reibung vermindert wird
- R damit es gut aussieht
- T weil das Rad gepflegt werden muss

6. Der Autofahrer tritt auf die Bremse,
- E weil er langsam fahren will
- L weil die Straße zu glatt ist
- I um die Reibung zu erhöhen
- D um schneller zu fahren

7. Die Rutschbahn ist aus Metall,
- A weil sie dann länger hält
- G weil Metall glatt ist und wenig Reibung verursacht
- S weil das besser sauber zu halten ist
- T weil das umweltfreundlich ist

8. Winterschuhe haben meistens Profilsohlen,
- U weil diese wasserdicht sind
- L weil sie im Schnee besser greifen
- A weil das die Reibung erhöht
- T weil sie die Füße warm halten

9. Mit feuchten Händen kannst du nicht gut etwas festhalten,
- U weil du nicht genug Kraft in den Händen hast
- T weil die Reibung gemindert ist
- T weil es dir aus den Händen rutscht
- B weil es zu schwer ist

10. Im Badezimmer sollte der Boden trocken sein,
- S weil es sonst nicht gut aussieht
- W weil Wasser Flecken macht
- E weil Wasser den Boden glatt macht
- I weil das Wasser die Reibung verringert

11. Öl auf der Straße muss sofort abgedeckt werden,
- S weil Rutschgefahr besteht
- X weil es die Straße zerstört
- O weil die Reibung erhöht ist
- Z weil das schmutzig ist

❖ Trage die Buchstaben der richtigen Lösungen ein! Lösungssatz:

								!

5 Energie, -quellen u. -einsparung

Überlegungen und Anregungen zur Didaktik und Methode:

Tragfähige Grundlagen			
Kenntnisse	**Fertigkeiten / Fähigkeiten**	**Einstellungen / Haltungen**	**Bemerkungen**
Energie? Was ist das?			**S. 96**
Die Kinder • erfahren, dass Energie die Fähigkeit ist, Arbeit zu leisten, • erfahren, dass nichts ohne Energie geschieht, • erfahren, dass es viele Formen von Energie gibt, • erfahren, dass Energie umgewandelt werden kann.	• üben, einem Text wichtige Informationen zu entnehmen, • üben, mithilfe des Textes Fragen zu beantworten, • üben, selbst Fragen an einen Text zu stellen.	• sollen eine Fragehaltung in Bezug auf Energie gewinnen, • sollen die Bedeutung der Energie einschätzen lernen, • sollen über die Bedeutung regenerativer Energien nachdenken.	Dies ist eine reine Informationsseite. Es empfiehlt sich, den Text abschnittweise zu lesen, Fragen dazu stellen zu lassen und zu weiteren Überlegungen anzuregen. Es ist zum Beispiel eine spannende Frage, warum wir auch im Schlaf Energie verbrauchen.
Ohne Umwandlung keine Energie			**S. 97**
Die Kinder • erfahren, dass Energie durch Umwandlung wirksam wird, • lernen die Sonne als wichtigste Energiequelle kennen, • erfahren, dass die Pflanzen Sonnenenergie umwandeln, • erfahren, dass in unserem Körper Energie umgewandelt wird, • erfahren, dass Energie notwendig ist, um Arbeit zu leisten.	• üben, einem Text Informationen zu entnehmen, • üben, einem Text Abbildungen zuzuordnen, • lernen, eigene Umwandlungsketten aufzustellen und zu gestalten.	• sollen über die Wirkweise der Energie in unserem Körper nachdenken, • sollen darüber nachdenken, dass überall Energie umgewandelt wird, • sollen über die Zusammenhänge und Vernetzung der Energien nachdenken.	Dies ist eine Schlüsselseite für die Bearbeitung des Themas. Energie wird wirksam durch Umwandlung. Darum ist es wichtig, dass die Kinder selbst noch andere Umwandlungsketten aufstellen. Nur so erfahren sie die Zusammenhänge und Vernetzung der Energien und damit auch unsere Abhängigkeit von diesen Kräften.
Wie elektrische Energie umgewandelt wird			**S. 98**
Die Kinder • erfahren, woher elektrische Energie kommen kann, • erfahren, in welche unterschiedlichen Energien Elektrizität umgewandelt werden kann.	• üben, ein Schaubild zu deuten und zu bearbeiten, • üben, konkrete Beispiele aus der Umwelt zu sammeln.	• lernen, die große Bedeutung der elektrischen Energie einzuschätzen, • erfahren, wie sehr unser ganzes Leben von dieser Energie abhängig ist.	Vielleicht können die Kinder um die Wette sammeln. Wer findet die meisten Anwendungen der Elektrizität? Um die Bedeutung dieser Energie zu verdeutlichen, könnte ein großes Plakat in der Form dieses Arbeitsblattes gestaltet werden.
Elektrische Energie aus Batterie oder Akku			**S. 99**
Die Kinder • erfahren, dass eine Batterie eine kleine Energiequelle ist, • erfahren, welche Vorteile diese Energiequelle hat, • wissen, wo diese Energiequelle zum Einsatz kommt, • wissen, dass Akkus sich verbrauchen, aber wieder aufgeladen werden können.	• diskutieren Vorteile und Nachteile dieser Energiequelle, • sammeln und listen auf, wo Batterien und Akkus zum Einsatz kommen, • beschreiben den Einsatz und die Funktion des Akkus im Auto.	• wissen die Bedeutung dieser Energiequellen für unseren Alltag einzuschätzen, • wissen, dass Batterien umweltschädlich sind und entsorgt werden müssen, • überlegen, wo sie auf diese Energiequelle verzichten können.	Es gibt eine Fülle von Einsatzmöglichkeiten dieser Energiequelle. Viele Spielzeuge werden mit Batterien oder Akkus angetrieben. Die Kinder können auch kreativ über die Anwendung von Akkus, zum Beispiel im Auto, weiterdenken. Es sollte aber auch deutlich werden, dass Batterien für die Umwelt nicht gut sind.

Tragfähige Grundlagen

Kenntnisse	Fertigkeiten / Fähigkeiten	Einstellungen / Haltungen	Bemerkungen
Energiequelle Sonne Windenergie Nutzung des Wassers zur Energiegewinnung			**S. 100 S. 101 S. 102**
Die Kinder • wissen, dass Sonne, Wind und Wasser unerschöpfliche Energiequellen sind, • wissen, dass wir die Wärme der Sonne, die Windkraft und die Kraft des Wassers nutzen, • wissen, dass durch Umwandlung der Sonnenstrahlen, der Wind- und der Wasserkraft elektrische Energie erzeugt werden kann.	• lernen, sich aus Texten zu informieren, • nutzen verschiedene Informationsmöglichkeiten • sammeln Informationen über den Fortschritt und die Anwendungsgebiete der Solarenergie sowie der Windenergie in früheren Zeiten, • sammeln Argumente für und gegen den Einsatz von Windenergie, • entwickeln eine eigene Meinung und können sie argumentativ vertreten.	• nehmen die sie umgebende Lebenswirklichkeit in Bezug auf Energievorkommen, -umwandlung und -nutzung bewusster wahr, • wissen die Bedeutung der Sonnenenergie, der Windenergie und der Wasserkraft als erneuerbare und umweltfreundliche Energien einzuschätzen, • schätzen die Leistung unserer Vorfahren und erkennen, dass Erfindungen immer weiterentwickelt werden.	Trotz seiner Zukunftsbedeutung können die Themen nur in Ansätzen behandelt werden. Was die Nutzung der Sonnenenergie angeht, stecken wir zurzeit noch mitten in der Entwicklung. Wichtig ist es, auf die Möglichkeiten des Einsatzes dieser Energien hinzuweisen.
Das Wärmekraftwerk Vom Kraftwerk ins Haus			**S. 103 S. 104**
Die Kinder • wissen, dass der Strom, den sie verbrauchen, aus dem Kraftwerk kommt, • wissen, dass es unterschiedliche Kraftwerke gibt, • wissen, dass bei der Erzeugung von Strom immer eine Antriebskraft notwendig ist, • wissen, dass durch den Generator Bewegung in Strom umgewandelt wird. • kennen einige Bezeichnungen und wissen, dass viele Einrichtungen und Maßnahmen erforderlich sind, um elektrische Energie zu den Verbrauchern zu bringen.	• üben, einem Text Informationen zu entnehmen, • beschriften und erklären das Schaubild, • übertragen den Vorgang der Stromgewinnung auf andere Kraftwerke.	• wissen zwischen umweltfreundlichen und umweltschädlichen Kraftwerken zu unterscheiden, • wissen, die Bedeutung der regenerativen Energiegewinnung einzuschätzen, • werden sich bewusst, dass Energie ein kostbares Gut ist, mit dem man sparsam umgehen muss.	Bewusst wurde hier darauf verzichtet, auf unterschiedliche Kraftwerke einzugehen. Die Kinder sollen das Prinzip kennenlernen, nach dem alle Kraftwerke arbeiten. Die wichtigen Teile sind Turbine und Generator. Die Übertragung auf andere Kraftwerke kann von den Kindern geleistet werden.
Energie ist kostbar! Energie sparen			**S. 105 S. 106**
Die Kinder • erkennen und benennen, dass in unserer modernen Welt der Bedarf an Energie riesig ist, • benennen Beispiele, wo Energie verbraucht wird.	• untersuchen, welche Elektrogeräte zu Hause benutzt werden und auf welche verzichtet werden könnten, • üben sich im Umgang mit alternativen Textformen (z. B. Tabellen).	• entwickeln ein Umweltbewusstsein (insbesondere bezüglich des Energiesparens und der umweltgerechten Entsorgung von Batterien und Akkus).	In unserer hochtechnisierten Welt ist Strom (fast) jederzeit verfügbar und wird auch von den Kindern in vielfältiger Form genutzt. Ihnen kann aber ebenso schon bewusst gemacht werden, dass sie damit auch aufgerufen sind, Energie zu sparen bzw. aktiv zum Umwelt- und Ressourcenschutz beizutragen.

Name	Datum			

Energie? Was ist das?

Wenn du mit dem Fahrrad fährst, musst du eine Arbeit leisten. Das heißt: Du brauchst Energie. Wenn du deine Schultasche trägst, wenn du schwimmst oder wenn du eine Wanderung machst, immer brauchst du Energie. Beim Essen, beim Spielen, beim Nachdenken, ja selbst beim Schlafen brauchst du Energie.
Und um uns herum? Überall geht es um Energie. Wir könnten kein Essen kochen ohne Energie. Wir müssten im Dunkeln und Kalten sitzen, wenn nicht eine Energie uns Licht und Wärme brächte. Keine Maschine funktioniert ohne Energie. Energie bringt Dinge in Bewegung. Energie ist die Fähigkeit, Arbeit zu leisten.

Es gibt viele Formen von Energie. Man spricht von elektrischer, mechanischer und chemischer Energie, von Strahlungs-, Wärme- und Kernenergie. Am bekanntesten ist die elektrische Energie.

Energie kann nicht geschaffen und nicht zerstört, aber von einer Form in eine andere umgewandelt werden. Diese Umwandlung von Energien geschieht ständig um uns herum. Im Motor eines Autos zum Beispiel wird die chemische Energie des Benzins in Bewegungs- und Wärmeenergie umgewandelt. Die Bewegungsenergie des Windes wird durch den Generator in elektrische Energie umgewandelt. Menschen und Tiere beziehen ihre Energie aus der Nahrung und wandeln diese Energie in Bewegung, Wachstum und Wärme um.
Man spricht von Umwandlungsketten.

Wir beziehen unsere Energie von der Sonne. Sie ist die unerschöpfliche Energiequelle für unser Leben. Sie lässt die Pflanzen wachsen und Früchte tragen.
Aus den Pflanzen, die vor vielen Millionen Jahren auf der Erde wuchsen, wurden Kohle, Öl und Erdgas. Diese Brennstoffe enthalten Energie, die ursprünglich von der Sonne kommt.

Energie kann nicht verlorengehen.
Bei jeder Umwandlung von Energie jedoch entsteht Wärme, die von uns nicht immer genutzt werden kann. Es kommt darauf an, Energie richtig einzusetzen, sinnvoll zu nutzen und nicht zu verschwenden.

O~O? genau!

❖ Lies den Text und beantworte die folgenden Fragen! Markiere im Text O!

Was ist Energie?

____

____

____

Welche Formen der Energie gibt es?

____

____

____

Warum ist die Energie so wichtig?

____

____

____

Name	Datum			

Ohne Umwandlung keine Energie

Die Sonne ist die Energiequelle für das Leben auf der Erde.

Die Pflanzen nehmen das Licht von der Sonne auf und wandeln es in einem komplizierten Vorgang (Fotosynthese) in chemische Energien um. Diese brauchen sie zum Wachsen und um Früchte zu tragen.

Die Früchte enthalten Nährstoffe, Fett, Vitamine. In diesen Stoffen ist chemische Energie gespeichert. Menschen und Tiere brauchen die Früchte für ihre Nahrung.

Die Früchte werden im Körper verdaut (verbrannt). Die dabei entstehende Energie wird in Wärme, Wachstum und Bewegung umgesetzt. Die Energie die nicht verbraucht wird, wird gespeichert und bei Bedarf verbrannt.

Durch die Umwandlung von Energien können wir unsere Körperkraft einsetzen. Zum Beispiel ein Fahrrad in Bewegung setzen und so mechanische Energie und Wärmeenergie auslösen.

- ❖ Schneide die Abbildungen aus und lege sie vor die entsprechenden Texte!
- ❖ Klebe sie auf, wenn alles richtig ist!
- ❖ Versuche, andere Umwandlungsketten aufzustellen und zu gestalten!

Name | Datum 

Wie elektrische Energie umgewandelt wird

Verbrennen von Erdgas, Erdöl und Kohle → **Elektrizität**

Umwandeln von Wasser-, Sonnen- und Windenergie → **Elektrizität**

Elektrizität →

Wärmeenergie	magnetische Energie	Schallenergie	Strahlungsenergie	Bewegungsenergie
	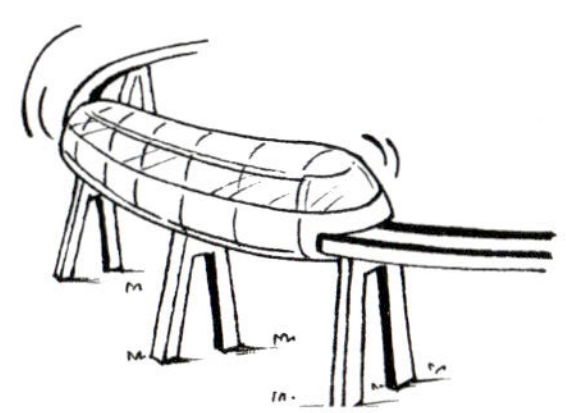	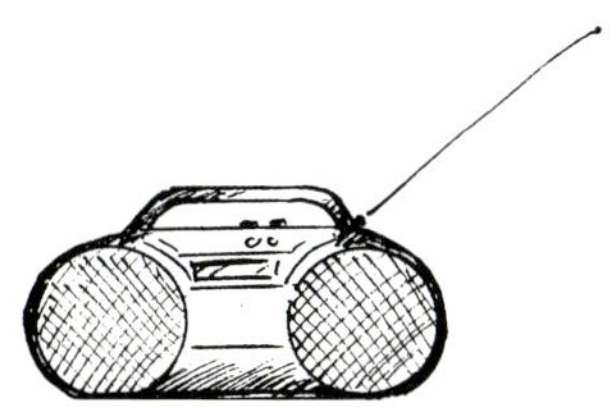		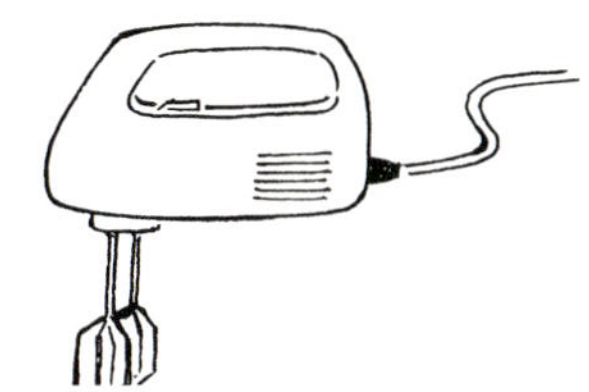

❖ Schreibe weitere Beispiele zur Nutzung von elektrischer Energie auf!

Name	Datum			

Elektrische Energie aus Batterie oder Akku

Strom ohne Leitung, das geht nur mithilfe von Batterien und Akkus, in denen chemische Vorgänge in elektrische Energie umgewandelt werden. Batterien und Akkus haben den Vorteil, dass sie überall unabhängig von der Steckdose eingesetzt werden können. Aber sie verbrauchen sich auch und werden leer. Sie müssen dann ersetzt oder aufgeladen werden.

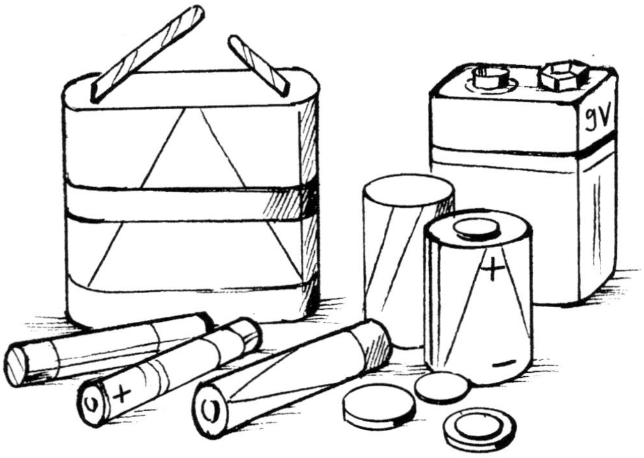

Batterien oder Akkus müssen entsorgt werden, sie gehören nicht in den Hausmüll!

❖ Forsche nach, wo überall Batterien oder Akkus eingesetzt werden!
Zeichne und schreibe auf!

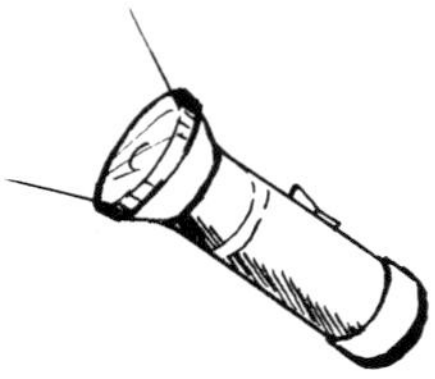

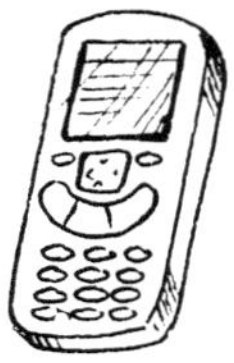

____

____

____

____

____

____

____

____

____

Batterien oder Akkus müssen entsorgt werden, sie gehören nicht in den Hausmüll!

❖ Sprecht auch über den Einsatz eines Akkus im Auto!

Name	Datum			

Energiequelle Sonne

Die Sonne ist eine riesige, nahezu unerschöpfliche Energiequelle. Ihre Lebensdauer beträgt noch etwa 5 Milliarden Jahre – wie Wissenschaftler errechnet haben. Ihre Energie nutzen Pflanzen, Tiere und Menschen zum Leben. Die Sonnenenergie (= Solarenergie) wird aber auch genutzt, um Wärme oder Strom zu gewinnen und für verschiedene Aufgaben einzusetzen.

Erwärmung von Wasser
Thermische Solaranlagen bestehen aus Sonnenkollektoren. Die Kollektoren fangen die Strahlung der Sonne auf und erwärmen Röhren mit Flüssigkeit, die unter den „Auffangplatten" liegen. Die erwärmte Flüssigkeit wird nun mithilfe einer Pumpe an den Verbrauchsort transportiert und kann dann das Wasser für den Haushalt, zum Beispiel für die Heizung oder die Dusche, erhitzen.

Stromgewinnung
Fotovoltaikanlagen sind mit Solarzellen ausgestattet. Diese enthalten Silizium – ein chemisches Element, das im Erdgestein vorkommt. Dringt nun Licht in die Solarzellen ein, werden Elektronen freigesetzt und elektrischer Strom fließt.

❖ Forsche nach (im Internet, in Zeitschriften, Büchern), wo überall Solarenergie genutzt wird! Die Abbildungen helfen dir!

❖ Suche aus Prospekten, Zeitschriften und Zeitungen Abbildungen, auf denen die Nutzung der Sonnenenergie dargestellt ist! Gestalte ein Plakat!
❖ Die Sonnenenergie gehört zu den so genannten erneuerbaren (= regenerativen) Energien. Kannst du dir den Begriff erklären?

Name	Datum			

Windenergie

Schon vor Jahrtausenden wurde von den Menschen die Kraft des Windes genutzt.
❖ Sammelt Informationen dazu und stellt sie der Klasse vor!

Die modernen Nachfolger der Windmühlen sind scheinbar die Windräder, die auch Windkraftwerke genannt werden. Aber sie arbeiten ganz anders. Die großen Flügel (Rotorblätter) treiben über eine Achse im Inneren einen Generator an. Dieser wandelt die Bewegungsenergie in elektrische Energie um. Man sieht Windräder immer öfter einzeln bei Bauernhöfen stehen. An manchen Stellen stehen sie in großer Zahl in so genannten Windparks.

❖ Schreibe auf, wo solche Windparks angelegt wurden!

____

____

❖ Kannst du dir vorstellen, warum Windräder gerade an diesen Standorten gebaut wurden?

____

____

Es gibt Befürworter und Gegner dieser Form der Energiegewinnung.
❖ Sammelt Argumente dafür und dagegen und schreibt sie auf die Rückseite des Blattes!

Argumente dafür	**Argumente dagegen**

❖ Macht ein Rollenspiel daraus und führt ein Streitgespräch!
Dafür braucht ihr drei Gruppen: die Befürworter, die Gegner der Windkraftwerke und eine Beobachtergruppe. Außerdem braucht ihr einen Diskussionsleiter. Bevor ihr in die Diskussion einsteigt, müsst ihr in beiden Gruppen viele Argumente dafür und dagegen sammeln. Überlegt euch vorher, wie ihr die Argumente der anderen Partei widerlegen wollt!

Name	Datum			

Nutzung des Wassers zur Energiegewinnung

Wasserräder gehören neben den Windrädern zu den ältesten Kraftmaschinen. Schon im Altertum wurde von vielen Völkern die Bewegung des Wassers zur Energiegewinnung genutzt, um zum Beispiel Getreide zu mahlen.

Eine Wassermühle funktioniert so:

① Das Wasser dreht das große Wasserrad.
② Durch die Drehung des Wasserrades wird eine dicke Achse gedreht.
③ Durch Wellen, Riemen und Zahnräder wird die Drehbewegung auf die Mühlsteine übertragen.
④ Mühlsteine mahlen das Getreide zu Mehl.

❖ Trage die entsprechende Ziffern in die Abbildung ein!

Stauseen werden zur _ _ _ _ _ _ _ _ - _ _ _ _ _ _ _ _ _ _ _ _ _ _ gebaut und um Trinkwasser zu speichern. Man nutzt aber auch die _ _ _ _ _ _ _ _ _ _ _ _ des Wassers, um elektrische Energie (= _ _ _ _ _) zu erzeugen. Dabei wird das in den Stauseen gesammelte Wasser von Flüssen in Rohrleitungen bergab geleitet. Das fließende Wasser treibt am Ende _ _ _ _ _ _ _ _ _ an, die über einen Generator in einem Kraftwerk Elektrizität erzeugen. In einem **Pumpspeicherwerk** wird das Wasser nachts, wenn nicht so viel _ _ _ _ _ _ _ wie tagsüber benötigt wird, in ein höher gelegenes Wasserbecken gepumpt. Das ist eine Möglichkeit, _ _ _ _ _ _ _ zu speichern, um sie in Zeiten erhöhten Energiebedarfs zur Verfügung zu haben.

❖ Trage die fehlenden Wörter in den Text ein!

Energie – Energie – Fließkraft – Strom – Turbinen – Wasserregulierung

Name | Datum

Das Wärmekraftwerk

In unserem Land sind viele Kraftwerke in Betrieb, die mit Braunkohle oder Steinkohle Elektrizität erzeugen. Die _ _ _ _ _ wird in einem riesigen Ofen verbrannt. Durch die entstehende _ _ _ _ _ wird das Wasser im Verdampfer erhitzt und verdampft. Der _ _ _ _ _ wird unter hohem Druck in eine _ _ _ _ _ _ _ (Schaufelrad) geleitet. Sie wird in _ _ _ _ _ _ _ _ gesetzt und dreht sich. Mit der Turbine ist ein _ _ _ _ _ _ _ _ _ verbunden. Dieser wird durch die Turbine angetrieben und erzeugt elektrische _ _ _ _ _ _ _ (= Strom). Der Strom wird in das Stromnetz eingspeist. Der Wasserdampf wird abgekühlt, verflüssigt sich und wird erneut in den _ _ _ _ _ _ _ _ _ _ geleitet. Bei Wärmekraftwerken wird der Dampf weiter _ _ _ _ _ _ _ _ _ . Durch ein Röhrennetz gelangt er in die Häuser und erwärmt dort die _ _ _ _ _ .

❖ Ergänze den Lückentext!

Bewegung
Dampf
Energie
Generator
Hitze
Kohle
Räume
Turbine
Verdampfer
verwendet

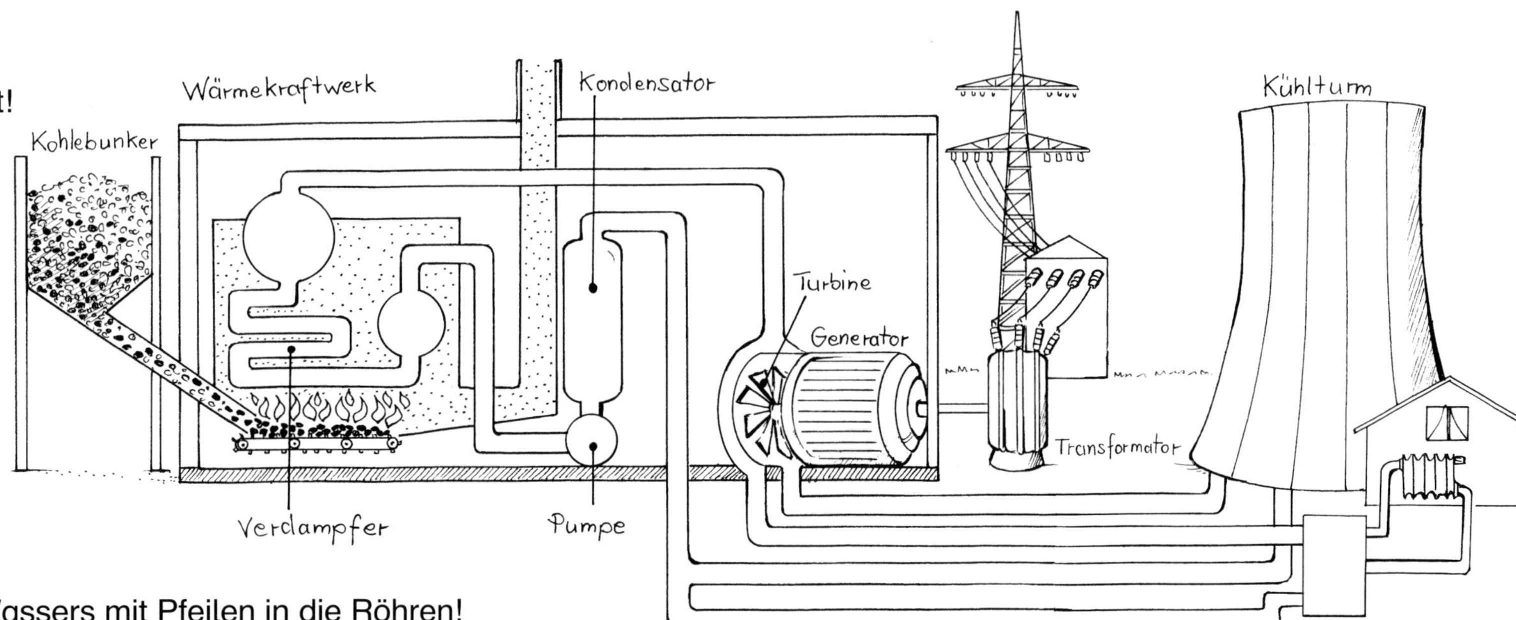

❖ Zeichne den Weg des Wassers mit Pfeilen in die Röhren!

Name	Datum			

Vom Kraftwerk ins Haus

Der größte Teil des Bedarfs an elektrischer Energie wird durch die Stromerzeugung in den Kraftwerken gedeckt. Jedes Kraftwerk besitzt einen Generator. Der Generator wandelt die ankommende Energie (zum Beispiel die Bewegungsenergie des Wassers) in elektrische Energie (= Strom) um. Vom Generator gelangt der Strom über starke Kupferschienen in einen Transformator. In ihm wird der Strom auf Hochspannung gebracht, damit er in das Versorgungsnetz geleitet werden kann. Bevor die elektrische Energie in Haushalten und Betrieben verwendet werden kann, muss sie in einem Umspannwerk wieder auf eine niedrigere Spannung gebracht werden. Über Erdkabel wird der Strom in einen Verteilerschrank und dann in die Häuser geleitet. Dort passiert er den Sicherungskasten mit dem Elektrizitätszähler. Jetzt kann der Verbraucher den Strom aus der Steckdose nutzen, um zum Beispiel seinen Computer anzuschalten.

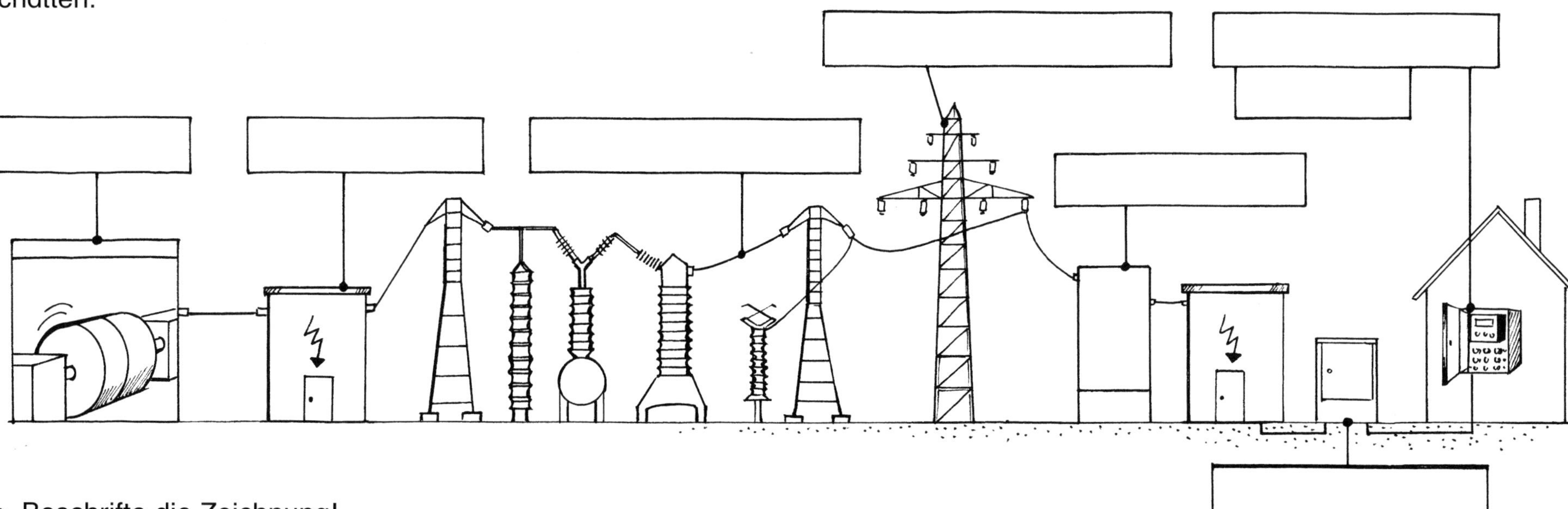

❖ Beschrifte die Zeichnung!

Generator – Hochspannungsleitung – Hochspannungsmast – Sicherungskasten – Transformator – Umspannwerk – Verteilerschrank – Zähler

⚠ Das gelbe Zeichen mit einem roten Blitz warnt vor einer großen Gefahr.

❖ Suche Informationen dazu und schreibe auf, was du herausgefunden hast! Verwende dazu die Rückseite des Blattes!

KOPIERVORLAGE

Name	Datum			

Energie ist kostbar!

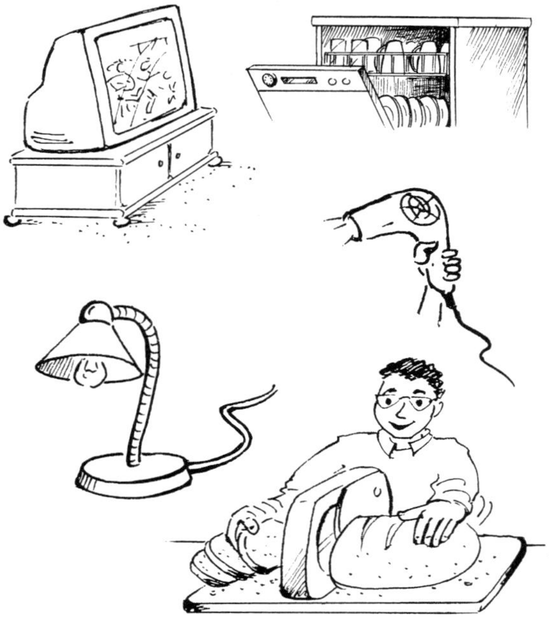

Vor langer Zeit nutzten die Menschen die Energie des Feuers als Wärme zum Kochen und Heizen und als Lichtquelle. Auch heutzutage wird dafür Energie benötigt, nur ist der Energiebedarf viel, viel größer geworden. Neben Kochen, Heizen und Beleuchten verbrauchen wir aber auch Energie für Maschinen, die uns die Arbeit und Freizeit erleichtern. Der Strom für den Betrieb dieser Geräte muss in Kraftwerken erzeugt und von dort zum Verbraucher transportiert werden. Das ist sehr aufwändig. Außerdem werden bei der Stromerzeugung Rohstoffe aus der Erde (Kohle und Erdgas) verbraucht. Diese Rohstoffe sind nicht erneuerbar. In den letzten Jahren versucht man daher, immer mehr Strom aus Sonnen-, Windenergie und Wasserkraft zu gewinnen.

❖ Welche Elektrogeräte benutzt ihr zu Hause? Trage in die Tabelle ein!

in der Küche	im Bad	im Kinderzimmer

❖ Auf welche Geräte könntet ihr verzichten? Schreibe jeweils auch eine Begründung dazu!

____

____

____

____

❖ Energie ist teuer. Erkundige dich zu Hause, wie hoch die monatliche Energierechnung ist!
Für Strom bezahlen wir im Monat ________ €.
Für Gas bezahlen wir im Monat ________ €.
Für Öl bezahlen wir im Monat ________ €.
In unserem Haushalt leben ________ Personen.
Sprecht über eure Zahlen!

Name	Datum			

Energie sparen!

Je weniger Energie wir zu Hause verbrauchen, desto niedriger sind die Stromkosten und desto besser ist es für unsere Umwelt. Natürlich kommen wir nicht ganz ohne Strom und Wärme aus. Aber die Energie, die wir wirklich benötigen, können wir sinnvoll und überlegt einsetzen!

Tipp 1:

Licht ausmachen! Licht nur in den Räumen brennen lassen, in denen du dich länger aufhältst!

Tipp 2:

Besser duschen als baden! Hier kannst du viel Energie und Wasser sparen!

Tipp 3:

Energiesparlampen verbrauchen viel weniger Strom als normale Glühlampen. Sie halten auch 6-mal länger.

Tipp 4:

Die Stand-by-Schaltung an Elektrogeräten, die gerade nicht benötigt werden, immer abschalten! Stand-by-Betrieb bedeutet, dass das Gerät (wenn das rote Stand-by-Lämpchen brennt) in Bereitschaft ist und zum Beispiel mit einer Fernbedienung (Fernseher) angeschaltet werden kann.

❖ Überlege weitere Tipps, Energie zu sparen! Trage oder zeichne sie in die leeren Felder ein! Tauscht eure Ergebnisse aus!

❖ Gestaltet eine Wandzeitung mit Energiespartipps!

❖ Du kannst jeden Tag Energie sparen. Lege eine Tabelle an und trage eine Woche lang ein, wo du Energie gespart hast!

Datum	So habe ich Energie gespart

6 Bedeutsame Erfindungen

Überlegungen und Anregungen zur Didaktik und Methode:

Es würde das Maß dieses Buches überschreiten, das Thema „Bedeutsame Erfindungen" umfassend zu bearbeiten. Wir haben uns deshalb dafür entschieden, dieses Thema als Erkundunsprojekt bearbeiten zu lassen. Dadurch erfolgt keine vorzeitige Festlegung auf einen bestimmten Bereich, und die Kinder können selbst entscheiden, welche Erfindung sie für die wichtigste halten und welche sie bearbeiten wollen.

<table>
<tr><th colspan="4">Tragfähige Grundlagen</th></tr>
<tr><th>Kenntnisse</th><th>Fertigkeiten / Fähigkeiten</th><th>Einstellungen / Haltungen</th><th>Bemerkungen</th></tr>
<tr><td colspan="4">Die wichtigsten Erfindungen und ihre Entwicklung — S. 110
Möglicher Verlauf eines Erkundungsprojektes</td></tr>
<tr><td colspan="4">Hier ist ein möglicher Verlauf des Projektes beschrieben. Er ist in erster Linie für die Lehrerin, den Lehrer gedacht. Er beinhaltet die Seiten 110–113.</td></tr>
<tr><td>Die Kinder
• sollen sich bewusst werden, dass es in den letzten 100 Jahren viele wichtige Erfindungen gegeben hat,
• sollen die wichtigsten Erfindungen nennen können,
• über eine Erfindung genau Bescheid wissen,
• sollen die Entwicklung der Erfindung kennen,
• sollen die Namen der Erfinder kennen,
• sollen die Bedeutung der Erfindung einschätzen können,
• sollen den Einfluss der Erfindung auf die Umwelt einschätzen können.</td><td>• sollen noch weitere Erfindungen hinzufügen, von denen sie meinen, dass sie wichtig sind,
• sollen die Erfindungen nach der Wichtigkeit ordnen,
• sollen im Gespräch eine Rangfolge festlegen,
• sollen sich für eine Erfindung entscheiden, die sie näher bearbeiten wollen,
• sollen selbstständig Informationen sammeln und auswerten,
• sollen ihre Ergebnisse in geeigneter Form darstellen.</td><td>• machen eigene Erfahrungen mit technischen Problemen,
• beobachten ihre Umwelt unter dem Aspekt des gelernten technischen Problems,
• gewinnen Interesse an technischen Problemen,
• entwickeln eigene Lösungen bei technischen Problemen,
• lernen, selbstständig zu arbeiten,
• lernen, in der Gruppe zu arbeiten,
• lernen, Informationsmöglichkeiten auszuwählen und zu gestalten.</td><td>Es kann sich hier natürlich nur um ein Erkundungsprojekt handeln.
Wichtig dabei ist, dass die Kinder das Thema selbst bestimmen und selbst entscheiden, wie sie das Ergebnis ihrer Arbeit präsentieren wollen. Auf jeden Fall muss ein fertiges Ergebnis vorgelegt werden. Die Kinder lernen dabei, sich einzubringen, sich mit der Gruppe abzustimmen und verantwortliche Einzelarbeit zu leisten. Durch Zwischenreflexionen kann der Stand der Arbeit bestimmt und überprüft werden.Der Zeitraum der Bearbeitung muss klar begrenzt sein.</td></tr>
<tr><td colspan="4">Erfindungen von 1800 bis heute (Anlage einer Zeitleiste) — S. 111</td></tr>
<tr><td colspan="4">Auch diese Seite wendet sich in erster Linie an die Lehrkraft. Es empfiehlt sich, die Daten der ausgewählten Erfindung in eine Zeitleiste einzutragen, die im Klassenraum angebracht ist und beliebig erweitert werden kann.</td></tr>
<tr><td colspan="4">Wie erfahre ich mehr über eine Erfindung? — S. 112</td></tr>
<tr><td colspan="4">Diese Seite ist als Hilfe für die Kinder gedacht. Die Fragen sollen ihnen helfen, sich in die Thematik einzuarbeiten.</td></tr>
<tr><td colspan="4">Die wichtigsten Erfindungen — S. 113</td></tr>
<tr><td colspan="4">Mithilfe dieser Seite könnte eine Umfrage und eine Diskussion in Gang gesetzt werden, welche Erfindung die wichtigste ist. Zunächst sollte jedes Kind für sich eine Rangfolge festlegen und sich Begründungen für seine Entscheidung überlegen. Eine zweite Festlegung kann danach in der Gruppe erfolgen. Natürlich wird jeder seine Entscheidung verteidigen. Die Gruppe muss aber eine eigene Rangfolge festlegen. Nach dieser Entscheidung der Gruppe erfolgt eine Festlegung der Rangfolge in der ganzen Klasse.

Alle folgenden Seiten sind im Zusammenhang mit einem projektartigen Vorgehen nur als exemplarische Hilfen zu verstehen.</td></tr>
</table>

Tragfähige Grundlagen			
Kenntnisse	**Fertigkeiten / Fähigkeiten**	**Einstellungen / Haltungen**	**Bemerkungen**
Wie die Menschen sich die Arbeit erleichterten S. 114 Von der Rolle zum Rad S. 115 Vom Rad zum Wagen S. 116 Das Rad, die wichtigste Erfindung der Menschen S. 117 Eine Welt voller Räder S. 118			
Die Kinder • erfahren, dass die Menschen schon immer bemüht waren, sich die Arbeit zu erleichtern, • erfahren, dass es eine Entwicklung vom Rad zur Rolle gibt, • erfahren, dass es bei der Entwicklung vom Rad zum Wagen viele kleine Schritte gibt, • erfahren, dass das Rad eine der wichtigsten Erfindungen der Menschen ist.	• lernen, Bilder zu analysieren und eigene Gedanken dazu zu äußern, • lernen, Entwicklungen wahrzunehmen und zu verfolgen, • lernen, technischen Entwicklungen nachzuspüren, • lernen, einfache Techniken des Sammelns von Informationen anzuwenden.	• lernen, über die Probleme der Menschen früher nachzudenken, • lernen, Fragehaltungen aufzubauen und Probleme zu identifizieren. • lernen, Entwicklungen einzuschätzen, • lernen, die Umwelt sorgfältig zu beobachten.	Eine Umfrage hat ergeben, dass das Rad bei vielen Menschen als die wichtigste Erfindung angesehen wird. Diese Erkenntnis soll den Kindern verdeutlicht werden. Dabei ist es natürlich wichtig, an die Lebenserfahrung der Kinder anzuknüpfen. Bei der Seite „Vom Rad zum Wagen“ müssen keine endgültigen Ergebnisse erzielt werden. Hier ist der Weg das Ziel. Die Kinder sollen erfahren, dass Erfindungen meistens einen langen Weg hinter sich haben.
Dampfmaschinen S. 119 Schema eine Dampfmaschine S. 120			
Die Kinder • wissen, wie eine Dampfmaschine funktioniert, • wissen, wo die Dampfmaschine eingesetzt wurde.	• lernen, dem Arbeitsblatt Informationen zu entnehmen, • zeichnen den Weg des Wasserdampfes in das Schema ein.	• lernen, die Erfindung der Dampfmaschine einzuschätzen, • überlegen, welche Folgen die Erfindung von Maschinen für die Arbeiter hat.	Auch wenn heute kaum noch Dampfmaschinen im Einsatz sind, lohnt es sich, auf ihre Erfindung einzugehen. Mit der Dampfmaschine begann die industrielle Entwicklung, die schon damals nicht ohne Folgen für die Arbeiter blieb.

Tragfähige Grundlagen

Kenntnisse	Fertigkeiten/ Fähigkeiten	Einstellungen/ Haltungen	Bemerkungen
Der Elektromotor, eine wichtige Erfindung Wie ein Elektromotor arbeitet			**S. 121 S. 122**
Die Kinder • wissen, dass durch den Elektromotor elektrische Energie in Bewegungsenergie umgesetzt wird, • wissen, warum der Elektromotor überall einzusetzen ist, • wissen, wo der Elektromotor eingebaut ist, • können die Vorteile des Elektromotors nennen, • wissen, wie der Elektromotor funktioniert.	• lernen, dem Arbeitsblatt Informationen zu entnehmen, • lernen die Teile des Elektromotors kennen, • können einen Elektromotor beschreiben, • können einen Elektromotor in seine Teile zerlegen, • lernen, die Funktion einzelner Teile einzuschätzen.	• lernen, die Bedeutung des Elektromotors einzuschätzen, • lernen, Fragehaltungen aufzubauen und Probleme zu identifizieren, • lernen, Entwicklungen einzuschätzen, • lernen, die Umwelt sorgfältig zu beobachten.	Es lohnt sich, dem Thema mehr Raum zu gewähren. Um zu erfahren, wie vielfältig der Einsatz von Elektromotoren ist, sollten die Kinder kleine Elektrogeräte oder Spielsachen mit in die Schule bringen. Eine gute Erfahrung wäre es auch, einen alten unbrauchbaren Motor auseinanderzunehmen und die Teile genau zu untersuchen. Es gibt auch Anregungen, zum Teil auch Baukästen, selbst einen Elektromotor zu bauen. Gerade bei diesem Thema können die Kinder viele technische Erfahrungen machen.
Wie das Auto sich entwickelte Wenn viele kleine Maschinen zusammenwirken			**S. 123 S. 124**
Die Kinder • wissen, wie das Auto sich entwickelte, • kennen die Namen einiger wichtiger Erfinder, • wissen, dass es unterschiedliche Verbrennungsmotoren gibt, • wissen, dass im Auto viele technische Erfindungen zur Anwendung kommen.	• lernen, dem Arbeitsblatt Informationen zu entnehmen, • lernen, mit einer Zeitliste umzugehen, • lernen nachzufragen, wie etwas funktioniert.	• lernen, Fragehaltung aufzubauen und Probleme zu identifizieren, • lernen, Entwicklungen einzuschätzen, • lernen, die Bedeutung der Erfindung und Entwicklung des Autos einzuschätzen.	Das Auto ist heute eine Selbstverständlichkeit geworden. Dennoch sollte im Unterricht über die Entwicklung und Bedeutung des Autos intensiv nachgedacht werden.
Heute hat jeder sein Handy			**S. 125**
Die Kinder • wissen, wer das erste Mobiltelefon gebaut hat, • erfahren, wie viel Zeit und Geld in die Entwicklung einer Erfindung gesteckt werden muss, • können die Bedeutung des Handys beschreiben.	• lernen, dem Arbeitsblatt Informationen zu entnehmen, • lernen, Fragen zum Gegenstand zu erkunden und zu beantworten.	• lernen, die Bedeutung der Erfindung und Entwicklung des Handys einzuschätzen.	Mit dem Handy ist eine Erfindung aus einem anderen Bereich angesprochen. Hier gibt es für die Kinder viel zu forschen und zu erkunden. Das Arbeitsblatt soll auf die Bedeutung des Handys hinweisen und zu weiterem Forschen motivieren.

Die wichtigsten Erfindungen und ihre Entwicklung

Möglicher Verlauf eines Erkundungsprojektes

Planung

Themenfindung

Befragung in der Klasse mithilfe eines Fragebogens:
Welches sind nach deiner Meinung die wichtigsten Erfindungen der Menschen?

Auswertung der Umfrage

Auswahl der Themen nach der Anzahl der zu bildenden Gruppen.
Bei fünf Gruppen werden die fünf am häufigsten genannten Themen bearbeitet.

Entscheidung für ein Thema

Jede Gruppe sucht sich ein Thema aus

- freie Auswahl
- Losentscheidung

Durchführung

Materialsammlung

- Informationen aus dem Internet
- Bücher, z. B. aus der Klassen-/Schulbücherei, der Stadtbücherei oder eigene
- Museumskataloge
- Prospekte
- Befragung von Fachleuten
- beigefügte Materialien

Form der Veröffentlichung?

- Informationsmappe
- Informationsplakat
- Bilderschau
- Leporello
- Wandzeitung
- Zeitleiste
- Informationstisch
- Ausstellung

Arbeit in den Gruppen

- sammeln der Informationen
- auswählen der Informationen
- bearbeiten der ausgewählten Informationen
- gestalten der Informationen im Hinblick auf die Form der Veröffentlichung

Zwischenreflexion

Arbeit in den Gruppen

Vorstellung der Endergebnisse

Erfindungen von 1800 bis heute (Zeitleiste)

1803 Die erste Dampflokomotive wird gebaut

1817 Freiherr Karl von Drais baut das Laufrad

1821 Faraday baut einen Elektromotor

1831 Faraday baut einen Dynamo und Transformator

1861 Philipp Reis baut das erste Telefon

1878 Nikolaus August Otto baut den ersten Verbrennungsmotor

1879 Edison erfindet die elektrische Glühlampe

1885 Carl Friedrich Benz baut ein dreirädriges Automobil

1885 Gottlieb Wilhelm Daimler baut eine Kutsche mit Benzinmotor

1888 Boyd Dunlop erfindet den Luftreifen

1891 Otto Lilienthal gelingen die ersten sicheren Gleitflüge

1892 Rudolph Diesel baut den ersten Dieselmotor

1903 Den Brüdern Wright gelingen die ersten Flüge mit einem Motorflugzeug

1924 John Logie Baird erfindet den Schwarzweiß-Fernseher

1927 Charles Lindbergh überquert im Alleinflug den Atlantik

1928 John Logie Baird erfindet den Farbfernseher

1936 Heinrich Focke baut in Deutschland den ersten Hubschrauber

1946/48 In Amerika wird der Computer entwickelt

1972 Die Handyzeit beginnt

1800 1810 1820 1830 1840 1850 1860 1870 1880 1890 1900 1910 1920 1930 1940 1950 1960 1970

❖ Legt in dieser Form eine Zeitleiste für eure Erfindungen an!

Name	Datum			

Wie erfahre ich mehr über meine Erfindung?

Fragen zum Thema und Anregungen zur Gestaltung

Diese Fragen können dir helfen, dein Thema zu bearbeiten.
❖ Ergänze selbst den Fragenkatalog!

Erfindung

- Wann erfunden?
- Von wem erfunden?
- Wo erfunden?
- Wie sah sie aus?
- Gibt es Bilder von der ersten Erfindung?
- Gibt es Geschichten von der Erfindung?
- Gab es mehrere Erfinder?

Möglichkeiten der Darstellung:

Zeitleiste
Landkarte
Bilder von Erfindern
Bilder der ersten Erfindung
Geschichten sammeln
Texte schreiben
Modell bauen

Entwicklung der Erfindung

- Wie funktioniert die Erfindung?
- Welches Prinzip/Naturgesetz liegt der Erfindung zugrunde?
- Wie hat sich diese Erfindung entwickelt?
- Wer hat diese Entwicklung vorangetrieben?
- Wo wurden diese Entwicklungen gemacht?
- Was haben diese Entwicklungen gebracht?
- Wie wird diese Erfindung heute genutzt?

Möglichkeiten der Darstellung:

Zeitleiste
Serie von Bildern
Schema der Erfindung
Modell bauen
Versuche machen
Fotos machen
Bilderquartett erstellen

Bedeutung der Erfindung

- Wo wurde diese Erfindung eingesetzt?
- Welchen Nutzen haben wir von dieser Erfindung?
- Geht es um Arbeitserleichterung?
- Geht es um Kommunikation?
- Geht es um Energiegewinnung?
- Geht es um Energie?
- Geht es um Einsparen von Energie?
- Geht es um Fortbewegung?
- Hat diese Erfindung unser Leben verändert?
- Hat die Erfindung Einfluss auf die Umwelt?

Möglichkeiten der Darstellung:

Bilder
Bilder mit Texten
treffende Schlagzeilen
eigene Fotos machen
Fotoserien gestalten
Dominospiel gestalten
Plakate gestalten

❖ Suche eine Erfindung aus, die dich besonders interessiert!
❖ Sammle Informationen dazu (Bücher, Internet, Befragung)!
❖ Gestalte eine DIN-A4-Seite dazu so, dass sie möglichst interessant und informativ ist!

Name	Datum			

Die wichtigsten Erfindungen

- ❖ Ergänze die Reihe!
- ❖ Ordne die Erfindungen nach der Bedeutung, die sie deiner Meinung nach haben und trage die Rangfolge der Bedeutung in die Kästchen ein!
- ❖ Diese Erfindung fehlt noch! Welche Maschine würdest du dir wünschen?
- ❖ Zeichne die Maschine auf und beschrifte ihre Teile!
- ❖ Baue ein Modell deiner Erfindung!

Name	Datum			

Wie die Menschen sich die Arbeit erleichterten

- Schau dir die Abbildungen an!
- Sprecht darüber!
- Schreibe zu jedem Bild einen kurzen Text!

Name	Datum			

Von der Rolle zum Rad

- ❖ Schneide die Textkärtchen aus und ordne sie den Abbildungen zu! Lösungswort: ☐☐☐☐☐
- ❖ Klebe die Textkärtchen auf!

Als die Menschen das Rad noch nicht erfunden hatten, mussten schwere Lasten getragen, gezogen oder geschoben werden. Vielleicht waren es runde Steine, die die Menschen auf die Idee brachten, runde Gegenstände als Hilfe zu nutzen. W	Die ersten Karren mit zwei Rädern und einer Achse wurden jedoch nicht in Ägypten, sondern in Mesopotamien gebaut. Es waren vermutlich runde Scheiben aus Holz, aus Baumstämmen gesägt oder aus dicken Brettern zusammengefügt. G	Um 1800 baute man Räder mit Drahtspeichen. Fahrräder, Motorräder und Autos wurden später mit solchen Rädern ausgestattet. Selbst die ersten Flugzeuge hatten Speichenräder. N	Um 2000 v. Chr. baute man Streitwagen und Prunkwagen mit Speichenrädern. Einen solchen Wagen mit zwei Speichenrädern aus Bronze und Gold fand man im Grab eines ägyptischen Königs. E	Vor rund 4500 Jahren wurden in Ägypten die Pyramiden gebaut. Die schweren Steinblöcke wurden über Rundhölzer und schiefe Ebenen gezogen. Das erleichterte die Arbeit sehr. A

Name	Datum			

Vom Rad zum Wagen

Was musste noch erfunden werden?

Material:

- Holzscheiben
- Rundhölzer
- Holzleisten
- Blechstreifen
- Handsäge, Holzbohrer, Hammer, Schraubendreher, Klebstoff, kleine Nägel, Schrauben
- Kronkorken

❖ Baue mit dem Material unterschiedliche Fahrzeuge!
❖ Zeichne deine Lösungen auf und schreibe, was du herausgefunden hast!

❖ Suche dir einen Partner! Tauscht eure Erfahrungen aus!

Name	Datum			

Das Rad, die wichtigste Erfindung der Menschen

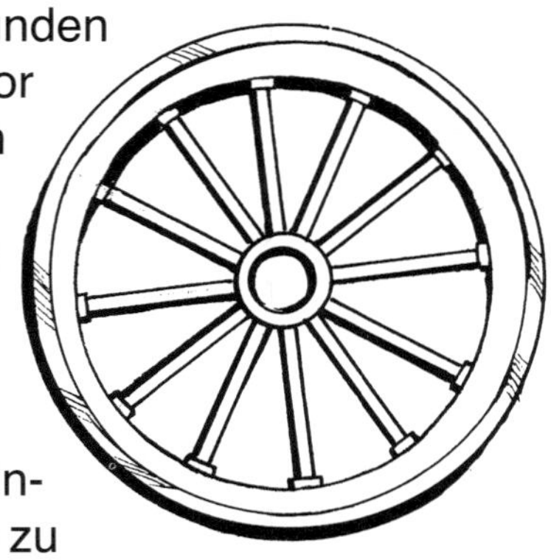

Wir wissen nicht so genau, wann die Menschen das Rad erfunden haben. Forscher haben herausgefunden, dass es ungefähr vor 5000 Jahren gewesen sein muss. Nur wenig erinnert noch an die einfache Baumscheibe, die wir uns als erstes Rad vorzustellen haben. Sicher aber ist, dass das Rad für die Menschen unentbehrlich geworden ist.

Mithilfe des Rades konnten schon vor langer Zeit schwere Lasten befördert werden. Daran hat sich bis heute nichts geändert. Unzählige Räder drehen sich, um Lasten und Personen zu befördern. Auf Rädern werden wir mit den notwendigen Verbrauchsgütern aus aller Welt versorgt. Räder machen uns mobil. Dreiräder, Fahrräder, Roller, Autos …

Räder helfen, die Kräfte der Natur zu nutzen und für uns dienstbar zu machen. Räder werden eingesetzt, um Energie zu erzeugen und zu sparen. Mithilfe eines fein aufeinander abgestimmten Räderwerkes bestimmen wir die Zeit. Keine Uhr läuft ohne Räder, keine Maschine ohne Rad: vom Dosenöffner bis zur Küchenmaschine, von der kleinsten Bohrmaschine bis zur großen Drehbank, vom Walzwerk bis zum Fließband. Überall finden wir Räder.

Selbst unsere Freizeit können wir uns ohne Räder kaum noch vorstellen. Radfahren ist „in". Längst haben Skateboard und Inlineskates die Rollschuhe von früher abgelöst. Es macht Spaß, sich auf Rädern zu bewegen und die tollsten Sprünge und Kunststücke zu erproben.

❖ Lies den Text und beantworte die folgenden Fragen!

1. Wann ungefähr wurde das Rad erfunden?

____

2. Mit welchen Fahrzeugen werden Güter befördert?

____

3. Mit welchen Fahrzeugen werden Personen befördert?

____

4. Mit welchen Rädern wird Energie erzeugt?

____

5. Welche Geräte nutzen wir in der Freizeit?

____

Name	Datum			

Eine Welt voller Räder

Wir können uns nicht vorstellen, wie wir heute ohne Räder zurechtkommen sollten. Mit dem Rad kamen der Wagen, das Fahrrad, das Motorrad, das Auto, das Flugzeug. Mit dem Rad kamen Maschinen, kam die Technik, kamen Handel und Verkehr.

❖ Schreibe auf, wo du überall Räder entdecken kannst!

____

____

____

____

____

____

❖ Finde weitere Beispiele und zeichne sie auf die Rückseite des Blattes!
❖ Suche Abbildungen aus Zeitschriften, Prospekten …!
❖ Schneide sie aus und klebe sie auf!

Name	Datum			

Dampfmaschinen

Vor über hundert Jahren trieben die ersten Dampfmaschinen Eisenbahnzüge, Wasserpumpen, Webstühle, Mühlsteine und andere Maschinen in den Fabriken an. Sogar Schiffe wurden mit Dampfmaschinen angetrieben.
In manchen Teilen der Welt werden heute noch Dampfmaschinen eingesetzt.

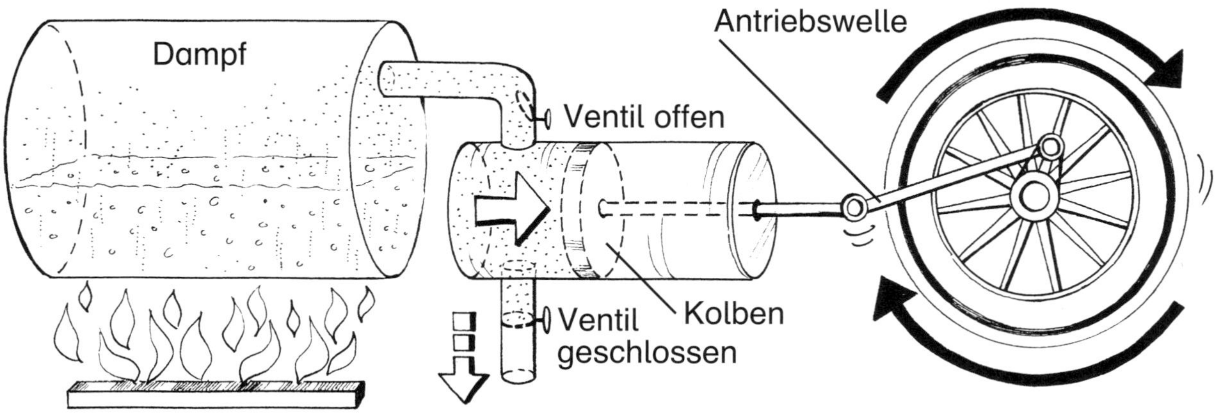

Wie die Dampfmaschine funktioniert

Die Dampfmaschine verwandelt _ _ _ _ _ in Bewegung.

In der Maschine werden _ _ _ _ _ _, Holz oder _ _ verbrannt. In einem

Kessel über dem Feuer wird _ _ _ _ _ _ erhitzt, bis es zu _ _ _ _ _ wird.

Dieser Dampf nimmt viel mehr _ _ _ _ ein als das Wasser. Es entsteht

ein hoher _ _ _ _ _. Dieser bewegt einen _ _ _ _ _ _ im Inneren einer

Metallröhre. Der Kolben wiederum ist mit einer Antriebswelle verbunden,

die ein _ _ _ in Bewegung setzt. Dieses Rad bewirkt entweder eine

_ _ _ _ _ _ _ _ _ _ _ _ wie beim Zug oder sie versetzt andere Teile in

Drehung wie bei den verschiedenen _ _ _ _ _ _ _ _ _ .

❖ Setze die fehlenden Wörter in den Text ein!

Dampf, Druck, Fortbewegung, Kohlen, Kolben, Maschinen, Öl, Rad, Raum, Wärme, Wasser

Name	Datum			

Schema einer Dampfmaschine

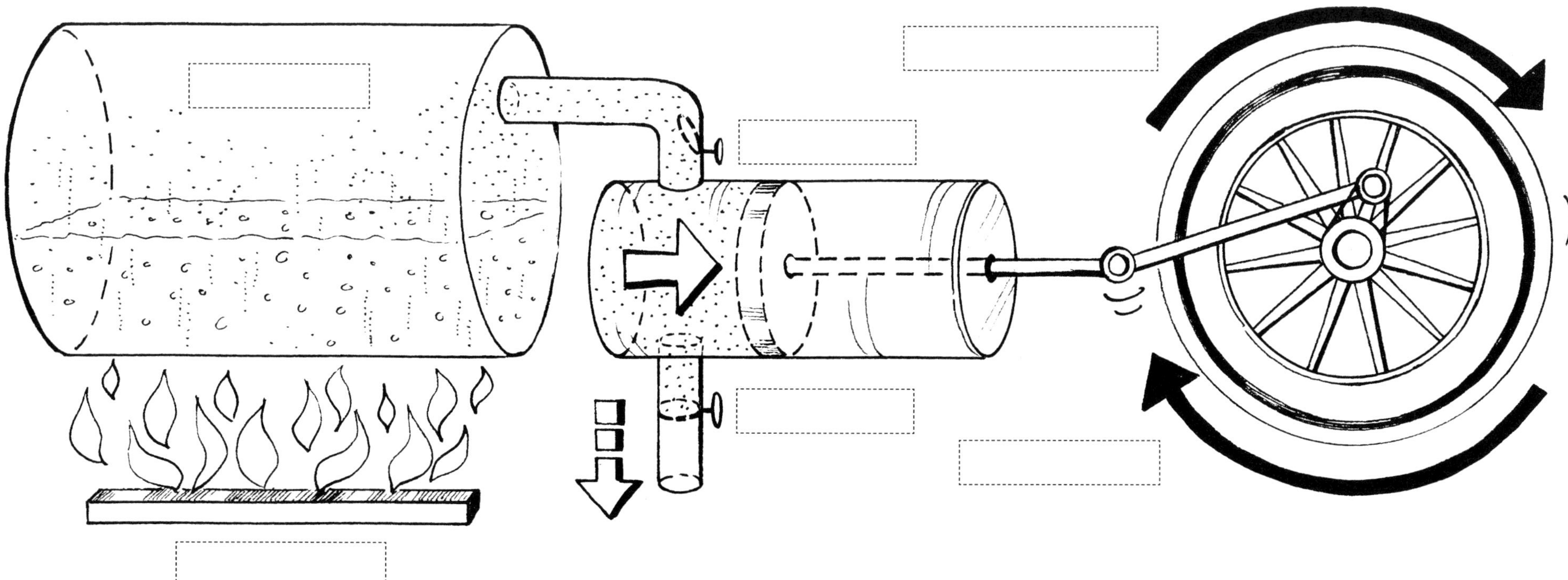

- Zeichne den Weg des Wasserdampfes blau ein!
- Schneide die Textkärtchen aus und klebe sie an der richtigen Stelle ins Bild ein!

Dampf	Feuerstelle	Ventil	Ventil	Kolben	Antriebswelle

Name	Datum			

Der Elektromotor, eine wichtige Erfindung

Der erste brauchbare Elektromotor wurde1834 von dem Potsdamer Ingenieur Hermann Jacobi konstruiert.
Im Jahre 1866 verhalf Werner von Siemens dem Elektromotor zum Durchbruch.
Das Wort Motor kommt von dem lateinischen Wort „motus“. Das heißt Bewegung.
Ein Motor ist also eine Maschine, durch die eine Energie in mechanische Energie umgewandelt wird.
Bei einem Elektromotor wird elektrische Energie in Bewegung umgewandelt. Elektromotoren gibt es in allen Größen und Stärken. Der Elektromotor kann groß sein oder klein, stark oder schwach. Man kann ihn genau für die Leistung bauen, für die man ihn braucht.
Der Elektromotor ist in unserem Alltag so selbstverständlich geworden, dass wir ihn gar nicht mehr wahrnehmen. Aber wir können nicht mehr auf ihn verzichten.

❖ Schreibe auf!

Haushaltsgeräte mit Elektromotoren	**Werkzeuge mit Elektromotoren**

❖ Zeichne Spielzeuge mit Elektromotoren!

Name	Datum			

Wie ein Elektromotor arbeitet

Die Abbildung zeigt die wichtigsten Teile eines Elektromotors: Stromquelle (1), Anker (2), eine Spule mit vielen Windungen und einem Kern, Magnet mit Nordpol (3) und Südpol (4), Kommutator (5).

❖ Setze die Begriffe in die Abbildung ein!

Wenn der Strom eingeschaltet wird, fließt er von Plus nach Minus durch die Spule, die zwischen dem Magnetfeld liegt, das sich zwischen dem Nordpol und dem Südpol aufbaut. Dabei wirkt eine Kraft auf die Spule ein und setzt sie in Bewegung.

Die Spule ist mit einer Achse verbunden, welche die Drehbewegung dahin überträgt, wo sie gebraucht wird. Der Kollektor sorgt dafür, dass die Spule sich immer in die gleiche Richtung bewegt.

❖ Zeichne den Fluss des Stromes (vom Pluspol zum Minuspol) rot ein!
❖ Färbe den Nordpol rot und den Südpol grün ein!
❖ Male die magnetischen Feldlinien blau!

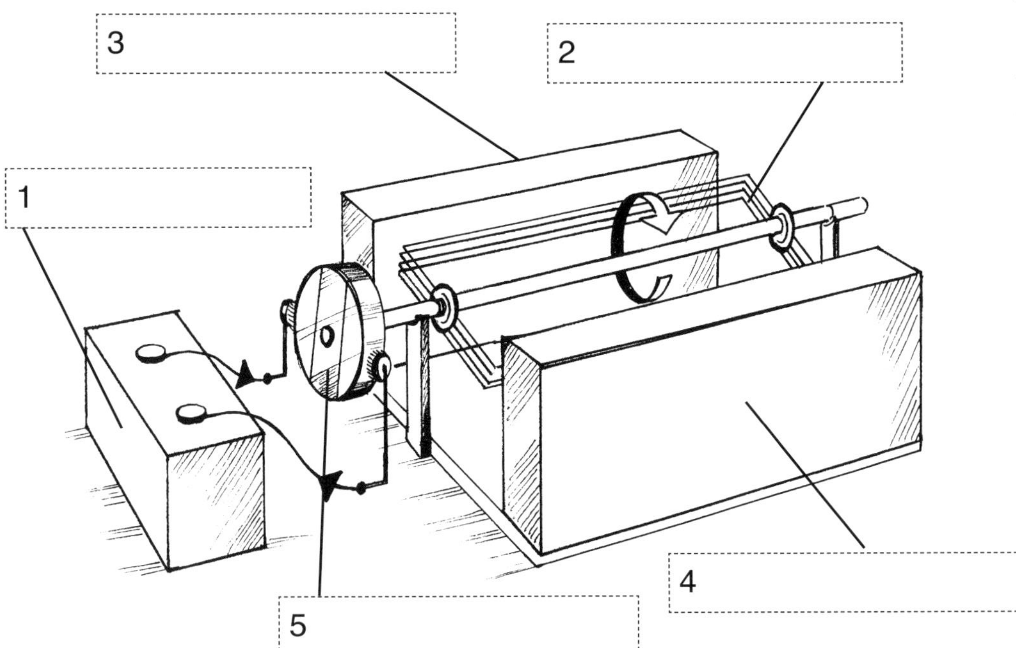

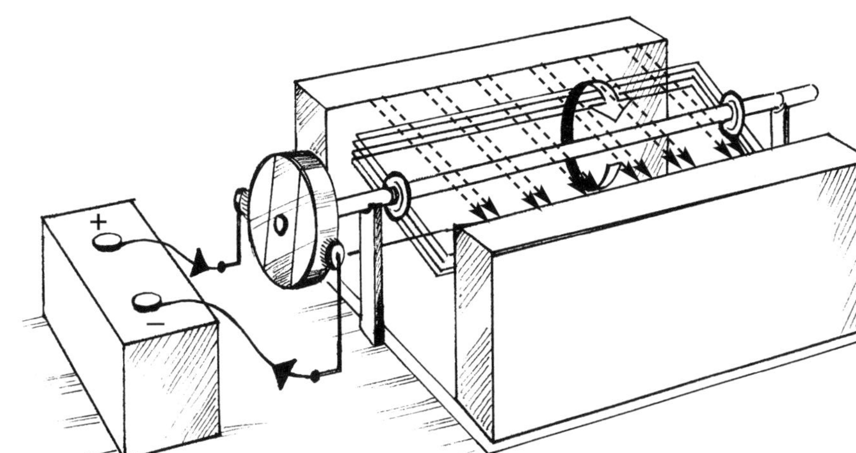

KOPIERVORLAGE

Name	Datum			

Wie das Auto sich entwickelte

1860	Etienne Lenoir baut in Belgien den ersten Gas-Verbrennungsmotor
1876	Nikolaus August Otto baut den ersten Viertakt-Verbrennungsmotor
1880	Carl Friedrich Benz, Mannheim, baut einen Zweitaktmotor mit Batterie und Zündanlage
1883	Wilhelm Maybach/Gottlieb Daimler bauen in Cannstatt bei Stuttgart den Daimler-Motor
1885/86	Carl Friedrich Benz, Mannheim, baut einen dreirädrigen Wagen mit Benzinmotor
1885/86	Gottlieb Wilhelm Daimler baut eine Kutsche mit Benzinmotor
1889	Gottlieb Wilhelm Daimler baut ein Auto mit Fahrgestell und Zweizylindermotor
1892/97	Rudolf Diesel baut den ersten Dieselmotor
1894	erstes offizielles Autorennen in Frankreich, Strecke Paris – Rouen 126 km
1900	Auto mit Lenkrad
1913	Fließbandproduktion des Autos bei Henry Ford in Amerika
1918	Chassis und Karosserie werden aus Stahl gebaut
1923	erster LKW mit Dieselmotor
1936	erster PKW mit Dieselmotor
1940	Automatikgetriebe
1974	Autokatalysatoren für Benzinmotoren zum Schutz der Umwelt

- ❖ Stellt in dieser Form eine Liste der Entwicklung eurer Erfindung auf!
- ❖ Legt eine Zeitleiste für eure Erfindung an!

Name	Datum			

Wenn viele kleine Maschinen zusammenwirken

Das Auto ist eine der wichtigsten Erfindungen unserer Zeit. Die Technik hat sich in den letzten hundert Jahren rasant weiterentwickelt. Die Erfinder und Erbauer des Autos kannten die Gesetze und Regeln der einfachen Maschinen ganz genau. Sie bauten viele kleine Maschinen in das Auto ein. An vielen Stellen kannst du sie erkennen.

❖ Begib dich auf die Suche (Internet, Bücher, Befragung, z. B. Kraftfahrzeugmechaniker) und versuche, die folgenden Fragen zu beantworten!

1. Wo das Rad zum Einsatz kommt, kannst du leicht finden.

___

___

___

2. Wo findest du Zahnräder?

___

___

___

3. Wo kommt im Auto der Hebel vor?

___

___

___

4. Woher kommt im Auto der Strom?

___

___

___

5. Wo arbeitet im Auto ein Elektromotor?

___

___

___

___

___

6. Mit welchem Treibstoff wird das Auto angetrieben?

___

7. Wodurch wird die Bewegung erzeugt? Was geschieht mit dem Treibstoff?

___

___

___

8. Wo wird die Reibung genutzt?

___

___

Name	Datum			

Heute hat jeder sein Handy

Kaum eine Erfindung hat das Leben so verändert wie das Handy.
Dabei wird es gerade mal 25 Jahre alt.
Was früher nur wenigen Personen vorbehalten und nur für das Telefonieren eingerichtet war, ist heute zum Alleskönner für jedermann geworden.

Den Anstoß zu der rasanten Entwicklung des mobilen Telefons gab Rudy Krolopp.
Er entwarf 1983 das weltweit erste Mobiltelefon, das für jeden käuflich zu erwerben war.
Der Urtyp der heutigen Handys wog fast 800 Gramm und hatte eine Abmessung von 33 x 4,5 x 8,9 Zentimeter. Ungeachtet seines Preises in Höhe von 3.995 US-Dollar und der minimalen Gesprächszeit von nur einer Stunde, fand es reißenden Absatz.

15 Jahre Forschung und rund 100 Millionen US-Dollar hat die Firma Motorola in die Entwicklung des Handys gesteckt. Dafür ist ein Traum in Erfüllung gegangen, weltweit zu jeder Zeit mit Verwandten, Freunden, Geschäftspartnern sprechen zu können.

1989 stellte Motorola das kleinste und leichteste Mobiltelefon und gleichzeitig weltweit das erste Handy mit Klappe über der Tastatur vor.

Natürlich sind auch andere Firmen in die Produktion eingestiegen. Nicht nur die äußere Form, auch die Technik des Handys hat sich in den letzten Jahren verändert und entwickelt. Während die ersten Geräte wirklich nur zum Telefonieren gedacht waren, können die heutigen Geräte viel mehr.

❖ Informiere dich darüber, woher das Handy seinen Namen hat!
❖ Schreibe die Informationen auf die Rückseite des Blattes!

1. Welche Firma hat das erste Handy gebaut?

____

2. Welche anderen Firmen bieten heute Handys an?

____

____

3. Was ein Handy alles kann:

____

____

____

Bergedorfer® Grundschulpraxis – alle Bände im Überblick

Grundschulunterricht in allen Fächern – leicht gemacht!

Waltraud Kruit/Ellen Müller/Claudia Schweer

Bergedorfer® Grundschulpraxis – Deutsch

1. Klasse

Band 1
206 Seiten, DIN A4,
kartoniert
Best.-Nr. **3932**

Band 2
188 Seiten, DIN A4,
kartoniert
Best.-Nr. **3933**

Band 3
192 Seiten, DIN A4,
kartoniert
Best.-Nr. **3982**

2. Klasse

Band 1
164 Seiten, DIN A4,
kartoniert
Best.-Nr. **3934**

Band 2
172 Seiten, DIN A4,
kartoniert
Best.-Nr. **3935**

3. Klasse

Band 1
164 Seiten, DIN A4,
kartoniert
Best.-Nr. **3936**

Band 2
164 Seiten, DIN A4,
kartoniert
Best.-Nr. **3937**

4. Klasse

Band 1
172 Seiten, DIN A4,
kartoniert
Best.-Nr. **3938**

Band 2
160 Seiten, DIN A4,
kartoniert
Best.-Nr. **3939**

Individualisierung, **Handlungsorientierung** und **Lernen in Zusammenhängen** sind hier oberstes Gebot. Der systematische Aufbau des Lehrgangs und die zahlreichen kreativen Anregungen der „Ideenbörse" erleichtern Ihnen die Unterrichtsvorbereitung erheblich. Eine besondere Hilfe sind auch die vielseitigen Vorschläge zum freien Schreiben mit der Anlauttabelle.

Karl-Heinz Langer/Heinz Lewe/Michael Schnücker

Bergedorfer® Grundschulpraxis – Mathematik

1. Klasse

Band 1
104 Seiten, DIN A4,
kartoniert
Best.-Nr. **3958**

Band 2
124 Seiten, DIN A4,
kartoniert
Best.-Nr. **3959**

2. Klasse

Band 1
128 Seiten, DIN A4,
kartoniert
Best.-Nr. **3960**

Band 2
126 Seiten, DIN A4,
kartoniert
Best.-Nr. **3961**

3. Klasse

Band 1
132 Seiten, DIN A4,
kartoniert
Best.-Nr. **3962**

Band 2
136 Seiten, DIN A4,
kartoniert
Best.-Nr. **3963**

4. Klasse

Band 1
128 Seiten, DIN A4,
kartoniert
Best.-Nr. **3964**

Band 2
Ca. 100 Seiten, DIN A4,
kartoniert
Best.-Nr. **3965**

Lebendiger Mathematikunterricht von Anfang an!
Diese Unterrichtshilfen machen die Kinder neugierig auf mathematische Zusammenhänge durch **kindgemäße, differenzierende Aufgaben**. Die übersichtlich strukturierten Seiten enthalten alle relevanten Lerninhalte für den Unterricht in der Grundschule. Sofort einsetzbare Kopiervorlagen und Kommentare erleichtern die Unterrichtsvorbereitung. Die Materialien sind unabhängig vom eingeführten Schulbuch einsetzbar.

Ursula Lassert

Bergedorfer® Grundschulpraxis – Englisch

3. Klasse

Band 1
136 Seiten, DIN A4,
kartoniert
Best.-Nr. **3954**

Foliensatz 1
10 Folien, DIN A4,
vierfarbig
Best.-Nr. **3985**

Band 2
156 Seiten, DIN A4,
kartoniert
Best.-Nr. **3955**

Foliensatz 2
16 Folien, DIN A4,
vierfarbig
Best.-Nr. **3986**

CD 1 mit Liedern und Reimen für die 3. Klasse
Best.-Nr. **3989**

4. Klasse

Band 1
148 Seiten, DIN A4,
kartoniert
Best.-Nr. **3956**

Foliensatz 3
16 Folien, DIN A4,
vierfarbig
Best.-Nr. **3987**

Band 2
144 Seiten, DIN A4,
kartoniert
Best.-Nr. **3957**

Foliensatz 4
14 Folien, DIN A4,
vierfarbig
Best.-Nr. **3988**

CD 2 mit Liedern und Gedichten für die 4. Klasse
Best.-Nr. **3990**

Zu Hause hier und dort – Jeden Tag und jedes Jahr – Lernen, arbeiten, freie Zeit – Durch die Zeiten – Eine Welt für alle – Auf den Flügeln der Fantasie: Diese sechs **Erfahrungsfelder** bilden den Ausgangspunkt für den gemeinsamen Erlebnisrahmen der Schülerinnen und Schüler. Arbeitsblätter, Lieder, Reime und Spiele sind im Handumdrehen einsatzbereit. Die Unterrichtssequenzen liefern **praktische Anregungen** zum Unterrichtsaufbau und einfaches englisches Sprachmaterial.

Bergedorfer® Grundschulpraxis – alle Bände im Überblick

Bestens vorbereitet in allen Fächern der Grundschule!

Mona Dechant/Karl-Walter Kohrs/Joachim Weyers

Bergedorfer® Grundschulpraxis – Sachunterricht

1./2. Klasse

Natur und Leben
172 Seiten, DIN A4, kartoniert
Best.-Nr. **3940**

Technik und Arbeitswelt
104 Seiten, DIN A4, kartoniert
Best.-Nr. **3941**

Raum und Umwelt
Ca. 100 Seiten, DIN A4, kartoniert
Best.-Nr. **3942**

Mensch und Gemeinschaft
Ca. 100 Seiten, DIN A4, kartoniert
Best.-Nr. **3943**

Zeit und Kultur
Ca. 100 Seiten, DIN A4, kartoniert
Best.-Nr. **3944**

3./4. Klasse

Natur und Leben
220 Seiten, DIN A4, kartoniert
Best.-Nr. **3945**

Technik und Arbeitswelt
128 Seiten, DIN A4, kartoniert
Best.-Nr. **3946**

Raum und Umwelt
Ca. 100 Seiten, DIN A4, kartoniert
Best.-Nr. **3947**

Mensch und Gemeinschaft
Ca. 100 Seiten, DIN A4, kartoniert
Best.-Nr. **3948**

Zeit und Kultur
Ca. 100 Seiten, DIN A4, kartoniert
Best.-Nr. **3949**

Forschend-entdeckendes Lernen und Arbeiten im Sachunterricht! Dieses umfassende, vielfältige sowie kindgemäße Materialangebot ermöglicht auch ohne Schulbuch einen auf die **aktuellen didaktischen Erkenntnisse** genau abgestimmten Sachunterricht. Jedes Thema bzw. jeder Aufgabenschwerpunkt wird anhand eines didaktisch-methodischen Kommentars entfaltet. Die benötigten Materialien werden im Anschluss daran gleich mitgeliefert. Versuchsbeschreibungen, die als Karteikarten angelegt sind, regen zum Experimentieren und Entdecken an.

Christian Gauer/Markus Gross/Sabine Grünschläger-Brenneke/ Micaela Röse/Gerhard Struwe

Bergedorfer® Grundschulpraxis – Religion

1. Klasse

Buch
172 Seiten, DIN A4, kartoniert
Best.-Nr. **3950**

CD
68 Min. Spielzeit
Best.-Nr. **3974**

Foliensatz
13 Farbfolien, DIN A5
Best.-Nr. **3975**

2. Klasse

Buch
218 Seiten, DIN A4, kartoniert
Best.-Nr. **3951**

CD
Ca. 65 Min. Spielzeit
Best.-Nr. **3976**

Foliensatz
14 Farbfolien, DIN A5
Best.-Nr. **3977**

3. Klasse

Buch
178 Seiten, DIN A4, kartoniert
Best.-Nr. **3952**

CD
Ca. 65 Min. Spielzeit
Best.-Nr. **3978**

Foliensatz
9 Farbfolien, DIN A5
Best.-Nr. **3979**

4. Klasse

Buch
Ca. 160 Seiten, DIN A4, kartoniert
Best.-Nr. **3953**

CD
Ca. 65 Min. Spielzeit
Best.-Nr. **3980**

Foliensatz
Ca. 15 Folien, DIN A5
Best.-Nr. **3981**

Umfassende Materialien für abwechslungsreiche Stunden, die alle relevanten Themen abdecken! Für jedes Thema liefern die Bände **fundierte theologisch-didaktische Kommentare** und für die einzelnen Unterrichtseinheiten **praxiserprobte Bausteine**. Alle Sequenzen werden in übersichtliche Unterrichtsschritte aufgeteilt und enthalten die benötigten Materialien und Kopiervorlagen für die Unterrichtsgestaltung. Hier wird der Religionsunterricht zu einem ganzheitlichen Erlebnis.

Beate Büngers/Felix Busch/Anke Matuschewski/Diana Rips/ Silke Weber

Bergedorfer® Grundschulpraxis – Sport

1./2. Klasse

Band 1
140 Seiten, DIN A4, kartoniert
Best.-Nr. **3918**

Band 2
160 Seiten, DIN A4, kartoniert
Best.-Nr. **3919**

Begleit-CD
60 Minuten Spieldauer
Best.-Nr. **3922**

3./4. Klasse

Band 1
120 Seiten, DIN A4, kartoniert
Best.-Nr. **3920**

Band 2
186 Seiten, DIN A4, kartoniert
Best.-Nr. **3921**

Begleit-CD
Ca. 60 Minuten Spieldauer
Best.-Nr. **3923**

Mit wenig Vorbereitungsaufwand fantasievoll und erlebnisorientiert Sport unterrichten! Dazu bieten diese Bände tolle themengeleitete Sportstunden mit **originellen Spielideen** und **effektiven Übungen**, kompakte Angebote für alle Bereiche des Sportunterrichts (auf zwei Bände verteilt) sowie **Begleit-CDs**, die alle Lieder und Stücke für den Bereich Gymnastik/Tanz enthalten, aber auch Musik zum schnellen oder ausdauernden Laufen, Zirkusmusik, Entspannungsmusik und Geräusche zum auditiven Einstieg in Fantasiesituationen.